Metáforas na
Terapia de Casal:
impasses e impactos

Thelma Zugman Mazer

Metáforas na
Terapia de Casal:
impasses e impactos

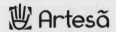

Metáforas na terapia de casal: impasses e impactos
1ª edição – 2ª reimpressão - novembro 2023
Copyright © 2020 Artesã Editora

É proibida a duplicação ou reprodução deste volume, no todo ou em parte, sob quaisquer formas ou por quaisquer meios (eletrônico, mecânico, gravação, fotocópia, distribuição na Web e outros), sem permissão expressa da Editora.

DIRETOR
Alcebino Santana

DIREÇÃO DE ARTE
Tiago Rabello

REVISÃO
Bookstation

CAPA
Karol Oliveira

PROJETO GRÁFICO E DIAGRAMAÇÃO
Conrado Esteves

M476   Mazer, Thelma Zugman.
        Metáforas na terapia de casal: impasses e impactos / Thelma Zugman Mazer . – Belo Horizonte : Artesã, 2020.
        160 p. ; 23 cm.
        ISBN: 978-65-86140-26-2

    1. Psicologia clínica. 2. Terapia sistêmica (terapia familiar).
    3. Psicoterapia conjugal. 4. Psicoterapia familiar.
    5. Comunicação. 6. Metáfora. I. Título.

                                        CDU 159.9.018

Catalogação: Aline M. Sima CRB-6/2645

IMPRESSO NO BRASIL
Printed in Brazil

📞 (31)2511-2040   💬 (31)99403-2227
🌐 www.artesaeditora.com.br
📍 Rua Rio Pomba 455, Carlos Prates - Cep: 30720-290 | Belo Horizonte - MG
📷 f /artesaeditora

O lixo que não era lixo, mas não sabia;
e o mendigo que não era mendigo, mas não sabia...

Ninguém me notava, mas ele me notou.
Ninguém me queria, mas ele me quis. Me catou,
mas continuou me vendo como o lixo que sou.

Eu tinha fome, o tempo todo procurava.
Achei um lixo. Não é grande coisa – eu pensava.
Mas me trazia algum conforto.
E eu não poderia pedir mais que isso,
afinal, sou um mendigo todo torto.

Por algum tempo, o lixo e o mendigo ficaram juntos, bem confortáveis um com o outro. Um dia o lixo descobriu o seu valor e, feliz, foi compartilhar com o mendigo. O mendigo ficou assustado e rapidamente disse: "Que valor, que nada! Você é o mesmo lixo que conheci". E pensou: *"Se ele deixar de ser lixo, não haverá mais de me querer"*. Tempos depois, o mendigo ficou feliz ao descobrir que tinha valor. Correu para contar para o lixo, que disse: "Se eu continuo lixo, você não pode deixar de ser mendigo." Assim, para continuarem juntos, o lixo que não era lixo continuou lixo, e o mendigo que não era mendigo continuou mendigo.

E o ciclo se repete, até que um dia o impossível acontece.
Dessa vez o mendigo, com muito medo, decide ter coragem e aceitar
que sua história de amor poderia se transformar.
Muito triste, preparou-se para perder,
e deixar o seu lixo livre para crescer.

"Posso até me arrepender,
Já sei disso há algum tempo, é preciso reconhecer.
Ele, lixo não é mais. Que difícil que vai ser,
mas... se ele continuar a me valorizar...
será possível assim sonhar?
Não custa experimentar, talvez eu possa acompanhar.
Às vezes, penso que também tenho valor.
E, se mendigo eu deixar de ser, talvez possa manter seu amor."

THELMA ZUGMAN MAZER
RONIT MAZER SAUERMAN

AGRADECIMENTOS

Demorei mais de 15 anos para escrever este livro. Cada vez que eu acreditava já ter o material suficiente, um novo caso fazia brotar novas interações, novas ideias e novas metáforas para a minha coleção. É difícil colocar em palavras um processo tão dinâmico. Muitas vezes desanimei e desisti de escrevê-lo. Por que finalmente consegui?

Sem dúvida, um dos motivos é que muitas pessoas me incentivaram e participaram de alguma forma dessa criação, às quais agradeço imensamente:

À amiga Vera Regina Miranda e à Ronit, minha filha, ambas psicoterapeutas, que tornaram possível este livro. Elas resgataram, validaram e me ajudaram a reorganizar e atualizar o material original. Foram horas de leitura e valiosas sugestões. À Zuleica Ferrari, por sua enriquecedora revisão.

Aos meus clientes, pessoas maravilhosas que confiaram e abriram seu mundo mais íntimo para mim. Sem eles este trabalho não faria sentido.

Aos alunos, terapeutas, colegas e amigas do Instituto de Terapia e Centro de Estudos da Família (Intercef)[1]: Mariza Bregola Carvalho, Rosana Ferrari e Rosicler Santos Bahr, pela validação e paciência que tiveram com o meu *celeiro de ideias*. Agradeço, também, ao grupo Diálogos Científicos da Associação Paranaense de Terapia Familiar, pelo incentivo para divulgar este trabalho, à Daniela Bertoncello e à família APRTF.

Ao meu marido Sergio, meu parceiro de todas as horas, por sua compreensão e apoio frente às inúmeras dúvidas e chatices que me

---

[1] O Intercef é um instituto formador de terapeutas de casal e de família e tem sido referência em Curitiba, Paraná, Brasil, desde 1986.

acompanharam neste processo. Aos meus filhos Isar e Gerson, e meus netos David, Helena, Tamara, Lior, Sara, Luisa e Sofia, fonte de amor, coragem, renovação e aprendizado. Ao meu genro Marc, pela leitura cuidadosa do texto e suas importantes contribuições. À minha irmã Fany, pelo incentivo. Aos meus pais, em memória.

Agradeço aos autores dos livros que embasaram este trabalho, por terem compartilhado seu conhecimento. E aos pioneiros da terapia familiar, cujas vozes inspiram a minha e com os quais tive a oportunidade de participar de cursos presenciais: Salvador Minuchin, Gianfranco Cecchin, Michael White, Paul Watzlawick, Arnold Lazarus, Haim Omer, Michelle Scheinkman, Mony Elkaim e Jeffrey Zeig.

SUMÁRIO

PREFÁCIO...13
Rosana Ferrari

APRESENTAÇÃO...17
Thelma Zugman Mazer

Capítulo 1
INTRODUÇÃO...21

Capítulo 2
**FUNDAMENTAÇÃO CLÍNICA
DO USO DA COMUNICAÇÃO METAFÓRICA**....................31

Capítulo 3
SOBRE METÁFORAS E SUA INCLUSÃO NA TERAPIA.......49

3.1 SOBREPOSIÇÃO DE REALIDADES
POR MEIO DA IMAGEM METAFÓRICA..............................57

Capítulo 4
SOBRE TERAPIA DE CASAL..65

4.1 ALGUMAS PALAVRAS SOBRE A URGÊNCIA DA MUDANÇA...71

4.2 ALGUMAS PALAVRAS SOBRE O PRÉ-CONTRATO................73

Capítulo 5
**TEMAS RECORRENTES E
IMPASSES NA TERAPIA DE CASAL**...77

5.1 SOBRE CRENÇAS, O CERTO, O ERRADO,
A VERDADE ÚNICA, A RAZÃO E A EMOÇÃO....................78

5.2 SOBRE O TEMPO, A ESTABILIDADE E A MUDANÇA 93

5.3 SOBRE O SER E O PERTENCER:
A DIFERENCIAÇÃO, A PROXIMIDADE E A DISTÂNCIA 100

5.4 SOBRE O AGIR E O REAGIR 110

5.5 SOBRE A REALIDADE E A IDEALIZAÇÃO:
LIMITES, PERDAS, CONTROLE E PERFECCIONISMO 117

Capítulo 6
TEMAS VARIADOS 131

EPÍLOGO 145

BIBLIOGRAFIA 147

Anexo
**QUADRO-SÍNTESE DAS METÁFORAS
APRESENTADAS NESTA OBRA** 151

PREFÁCIO

O convite para apresentar este livro representa para mim uma honra e um presente. É um livro precioso, uma joia, escrito por uma terapeuta artesã capaz de fabricar filigranas com as palavras. Diferentemente das joias que guardamos no cofre e usamos apenas em raras ocasiões, há joias que denominamos "joias de estimação", que ganhamos de alguém especial, que usamos todos os dias, que amamos e valorizamos, nos embelezam e enriquecem. Este livro é como esta joia, criado para andar junto ao terapeuta, para lhe servir de inspiração, para adornar sua comunicação, tornar estéticas as suas intervenções e fazê-las mais ricas e poéticas.

A leitura deste livro é valiosa para todos os terapeutas, independentemente de sua orientação teórica, uma vez que explora esta chave mestra que é a metáfora e aborda seu uso no contexto clínico. Uma emoção se cura com outra emoção e metáforas mobilizam emoções. É este poder e efetividade clínica que este recurso quando bem utilizado revela, e o livro demonstra em inúmeros casos clínicos como seu uso fez diferença na condução e desfecho da terapia destes casos. É um estímulo para os terapeutas criarem suas metáforas e exercitarem a escuta de frases, relatos, palavras do paciente, exemplos citados por ele, histórias familiares, profissionais e pessoais, que servirão de base para a construção desta ferramenta que fará parte do seu processo terapêutico.

As metáforas apresentadas pela autora são de diferentes estilos. As várias histórias que são relatadas, as "histórias metafóricas", criam no paciente expectativa, curiosidade e surpresa, nos moldes de Milton

Erickson, que contava suas famosas "anedotas", cujas mensagens permanecem e mantêm o efeito residual da terapia por muito tempo. A riqueza e diversidade das metáforas da autora, cujo uso ela demonstra nos inúmeros casos relatados, tornam-se mensagens centrais na terapia, condensam sentimentos e mobilizam emoções que de outra forma não seriam acessadas. Seu relato intimista faz com que o leitor se sinta dentro da sala de terapia junto com ela, ou que queira ser um daqueles pacientes e fazer terapia com eles.

A construção das metáforas é abordada de forma clara e ilustrativa e auxilia o leitor a desenvolver um estilo próprio, baseado em elementos diretamente conectados às emoções primárias universais, como a necessidade de pertencimento e amor, temor à rejeição, necessidade de agradar, ser ou não ser bom o suficiente, medo da perda, necessidade de proteção e segurança, entre outros. Construir as metáforas em conjunto com o paciente, bem como partir da realidade do paciente e também do terapeuta, de seus contextos culturais e vivenciais dá consistência e originalidade a estas intervenções e a autora o faz com maestria. "Batizar" os ciclos repetitivos dos casais com metáforas, como faz Sue Johnson na Terapia Focada nas Emoções com Casais, auxilia a identificação destes ciclos à medida que os casais os reconhecem e de forma figurativa, se identificam com os movimentos previsíveis que retroalimentam entre eles.

Pela metáfora, permanecemos. Podemos esquecer inúmeras horas de conversa, mas lembramos por anos e anos das histórias que ouvimos. Lembro de uma metáfora utilizada por Thelma comigo, em um momento desafiador de minha vida, no qual minha tentação vitimista estava prestes a eclodir. Tive uma reação desqualificatória, não intencional a um desabafo dela, ao que ela me respondeu: "Não é porque seu calo é maior que o meu, que o meu não dói." Minha pretensão ao vitimismo foi ali ceifada por estas palavras duras e necessárias, e esta "intervenção metafórica" feita pela amiga teve o efeito mais valioso que nenhuma terapia jamais poderia ter me propiciado naquele momento. Já se vão mais de vinte anos desta história e nem lembro quais eram as nossas dores, mas até hoje o eco desta intervenção feita por minha amiga representa o "empurrão terapêutico" recebido na hora certa, que as verdadeiras amizades podem proporcionar.

Thelma se dá a conhecer e se revela ao comentar que levou anos para publicar este livro. Que bom que ele chega às nossas mãos neste momento! Temos o privilégio de ler os relatos de uma terapeuta madura, experiente, centrada, concisa, precisa, consistente teoricamente, que convida o leitor a voar com a imaginação dela. Sugiro ao terapeuta que ao ler este livro, abra seu caderno de metáforas e vá registrando para quais pacientes cada uma delas será útil. À medida que as for utilizando, irá constatar como seus processos terapêuticos enriquecem e se aprofundam, tal como quando usamos nossa joia de estimação, que além de nos ter sido dada por alguém especial, carrega consigo histórias de vidas, relações e afetos, que são nosso bem mais precioso.

Rosana Ferrari[1]
Curitiba, janeiro de 2020.

[1] Terapeuta Sistêmica. Co-fundadora e co-diretora do INTERCEF- Instituto de Terapia e Centro de Estudos da Família- Curitiba, Paraná. Docente formadora de terapeutas sistêmicos, com ênfase em terapia de casal, desde 1990.

APRESENTAÇÃO

O objetivo deste livro é compartilhar minha experiência desenvolvida por cerca de quatro décadas de trabalho clínico, com o uso de imagens metafóricas na comunicação terapêutica. Embora foque no trabalho com casais, o recurso é útil também no atendimento individual e familiar. Metáforas são utilizadas em conjunção com outros recursos considerados úteis pelo terapeuta, permeando o processo terapêutico como um todo e conjugando com as abordagens e referenciais teóricos do terapeuta.

Este livro não pretende esgotar um tema tão complexo como a terapia de casal e suas demandas, mas sim introduzir reflexões sobre a utilização de metáforas no contexto clínico e em momentos de impasses, esperando que cada profissional crie e adapte aquelas exemplificadas no corpo deste trabalho.

Desejo relatar esta experiência e compartilhar metáforas, algumas delas parecem brotar em mim, inspiradas na temática da terapia, que podem ser adaptadas, na expectativa de aumentar a consciência de cada terapeuta para suas próprias peculiaridades verbais, no desenvolvimento de suas metáforas mais espontâneas e sua linguagem terapêutica. Procuro sistematizar o conhecimento e metodologia que nasceram e se desenvolveram no decorrer de mais de quarenta anos como terapeuta clínica e em quase quinze anos como coordenadora e docente no Intercef. No decorrer deste livro, farei uso do rico material desenvolvido em parceria com meus clientes durante o processo terapêutico e com a colaboração de alunos e colegas. Vale ressaltar que muitas metáforas não possuem autoria definida, porque advêm de inúmeras fontes de saberes populares.

Ao finalmente apresentar este livro, me pergunto: Por que foi tão difícil concluí-lo? Por que levou tanto tempo? Transcorreram quinze anos desde que iniciei este projeto, ao mesmo tempo inovador e antigo, de compartilhar um recurso que se renova a cada atendimento e, assim, não se esgota. Ao mesmo tempo simples e complexo é um recurso vivo que, justamente, por existir no movimento e na interação, torna-se tão difícil de ser descrito sem perder a sua beleza e a sua riqueza. Quando penso sobre a minha trajetória na psicologia como terapeuta de família e no processo de elaboração deste livro sobre metáforas, penso no processo para se preparar uma massa de pão caseiro.

O processo de fazer um pão caseiro tem muitas variáveis interdependentes: a qualidade dos ingredientes, o tamanho do pão, a temperatura ambiente, o tempo de espera para deixar a massa crescer e para amassar o pão, a temperatura e o tipo do forno e o tempo no forno. E depois, comer o pão quente, frio, congelá-lo ou reaquecê-lo? Como ficará mais saboroso? Com que acompanhamentos? A qualidade e variedade dos ingredientes, a experiência do padeiro, a mão que amassa, a boca que come. Em que circunstâncias é ingerido, saboreado, compartilhado, ou engolido às pressas e em solidão? O padeiro artesanal experiente sabe que não existe receita nem resultado único, que satisfaça a todas as demandas e gostos. O mais relevante é a interação dos processos e pessoas envolvidas, e a aceitação de que chegamos ao nosso melhor a partir de um conhecimento prévio e que nosso melhor pode participar de uma cadeia que leve a algo melhor ainda.

No X Congresso Brasileiro de Terapia Familiar, que ocorreu em Curitiba, em julho de 2012, estruturei e apresentei algumas ideias sobre o uso terapêutico das metáforas em um curso que denominei *O uso de metáforas na terapia de casal: colocando efeitos especiais na comunicação terapêutica*. A resposta dos participantes do curso me incentivou a finalmente tirar este material de minha cabeça, colocá-lo no papel, tentar transformá-lo em um livro e compartilhá-lo. Na época, houve muitas solicitações por bibliografia, bastante escassa, segundo meu conhecimento.

Muitos autores reconhecem o recurso da comunicação metafórica como valioso na terapia, porém quase não se encontra material publicado sobre o processo pelo qual o uso estratégico da intervenção metafórica na terapia pode ser desenvolvido e aprendido. Este é o diferencial deste trabalho, que compartilha metáforas significativas e procura sistematizar seu uso, demonstrando em recortes de casos clínicos como sua prática faz diferença na condução e no resultado do processo terapêutico. Convida o cliente a acessar seus recursos e não a focar em suas falhas. Envolve a pessoa do terapeuta, que utiliza suas ressonâncias e experiência de vida a serviço do processo terapêutico. Convida o terapeuta para adaptar as metáforas desenvolvidas e citadas à sua realidade clínica, usando sua criatividade e espontaneidade na criação de metáforas próprias, criando seu próprio livro, ou seja, *um livro sem fim.*

Thelma Zugman Mazer

Capítulo 1

INTRODUÇÃO

Qualquer que seja a orientação e o referencial teórico da terapia, ela é um processo conversacional, comunicacional. Seu formato é muito pessoal. O que acontece entre terapeuta e cliente que possibilita o processo terapêutico? Como se dá o nascimento de novas perspectivas de vida, de outra maneira de pensar, de sentir e de agir frente ao problema, frente à dor, ao conflito e a situações existenciais que parecem se apresentar sem saída? Estudo muito, levanto tantas hipóteses, faço tantas leituras, valido, ouço atentamente o dito, o não dito, o digital, o analógico e faço muitas perguntas. E quando a terapia é bem-sucedida, me emociono, porque parece que acontece uma mágica.

Da perspectiva de um observador externo, a psicoterapia é essencialmente uma conversa, mas não é uma conversa convencional. A conversação terapêutica é organizada pelo desejo de aliviar dor e sofrimento e causar abertura e flexibilidade para favorecer melhor qualidade de vida. Ocorre entre terapeutas e clientes, dentro de um acordo consensual, onde o terapeuta vai contribuir intencionalmente em direção a uma mudança construtiva na experiência de seu cliente. Assim, neste contexto, o terapeuta sempre tem um papel especial na condução desse processo conversacional. Seu compromisso é o de contribuir e respeitar a questão pessoal e interpessoal de seu cliente. Ele tem responsabilidades e também privilégios especiais e tem a possibilidade de fazer perguntas sobre a vida pessoal e privada do cliente. Desta forma, pode conhecer as vulnerabilidades do cliente, mas também seus recursos.

Nos meus mais de 40 anos como terapeuta sempre tive muita curiosidade de compreender como o cliente decodifica a experiência terapêutica e reconstrói sua história. Pergunto-me: o que será que entre tantas trocas foi realmente eficaz? Como funciona o processo terapêutico? Omer (1994) refere-se ao impacto terapêutico como o poder da intervenção terapêutica para superar as diversas variáveis que competem com ela. Neste sentido, a intervenção terapêutica, para ser efetiva, precisa superar a tendência de se perder entre tantas mensagens e exigências da vida diária ou tornar-se ilhada na sala de terapia. Costumo perguntar aos clientes, na fase final do processo terapêutico, o que lhes foi especialmente útil e o que os marcou sobremaneira. Em meio à diversidade de respostas, algumas se repetem: "Estou mais leve"; "Não valorizo mais tanto o negativo"; "Percebi os meus limites e a minha responsabilidade"; "Parei de julgar e culpar o outro"; "Não sinto mais a necessidade de agradar sempre e lido melhor com críticas e frustrações"; "Não tento mudar aquilo que está além da minha possibilidade"; "Nosso clima relacional está mais leve, pois vejo e respeito o outro, lidando melhor com as diferenças e com os conflitos"; "Sinto mais segurança nos meus vínculos"; "Readquiri o prazer das pequenas coisas"; "Percebo melhor como me comunico"; "Mudei a minha forma de comunicação"; "Percebo como, ao tentar resolver o problema que me trouxe aqui, eu inadvertidamente o agravava".

O mais interessante para mim era como, muitas vezes, vinha um sorriso maroto acompanhando algumas de suas verbalizações: "Eu nunca vou esquecer quando você me falou que eu queria comer sem fazer cocô"; "Ficou na minha cabeça que eu precisava ficar alerta ao meu tribunal interno, só com advogados de acusação, sem defesa"; "Ficou tão mais fácil perceber a minha armadilha, que você denominou de armadilha da comparação, onde eu sempre me sentia inferiorizado por comparar o meu maior defeito com a maior qualidade de outra pessoa".

Fui ficando cada vez mais atenta para a minha comunicação metafórica no dia a dia e seu impacto no processo terapêutico, onde o uso de imagens metafóricas se tornou, gradativamente, instrumento fundamental em minha prática clínica com indivíduos, casais e famílias. Conectando-se com o conceito de impacto terapêutico de Omer, as metáforas parecem captar a atenção do cliente, criam surpresa, facilitam a percepção, mobilizam emoções e favorecem a ação. Usar comunicação que cause impacto, como palavras concretas e imagens criativas análogas à experiência do cliente constitui-se uma habilidade terapêutica importante, bastante valorizada, mas a meu ver, pouco ensinada.

Muitos clientes me incentivavam nas sessões de terapia: "É isso mesmo que acontece conosco, pois cada vez que eu me sinto seguro, minha esposa acha que vai me perder, como na história do lixo e do mendigo! Eu não conhecia, de onde você tirou esta história?"; "Estas imagens que você faz são mágicas, você tem que escrever um livro!"; "Que milagre aconteceu na sessão passada que nosso clima relacional melhorou tanto?"; "Nossa, como essa sua história conseguiu captar e transmitir algo que nunca consegui explicar para minha esposa?"; "Nunca havíamos percebido como nós, sem querer, alimentávamos e engordávamos o bicho que nos comia!".

Uma cliente me apelidou de "A rainha das metáforas". Com as metáforas que construíamos juntas, ríamos muito e até gargalhávamos. Assim, suas dores iam se transformando em novas aprendizagens. Nunca vou me esquecer dessa cliente!

A palavra *metáfora* tem origem grega: *meta* (além) e *phorein* (transportar) de um lugar para o outro, ou seja, transportar de um domínio de experiência para outro. As metáforas estão presentes nas parábolas da Bíblia, nas campanhas publicitárias e políticas, nas piadas, nas fábulas e histórias infantis, e costumam evocar surpresa, riso e emoção.

Metáforas e psicoterapia têm andado juntas há muito tempo, fazendo-se presentes de formas distintas e em momentos variados do processo terapêutico.

A metáfora é um elemento comunicativo que vai além da linguagem verbal e não verbal, apresentando uma via de comunicação onde coexistem várias possibilidades cognitivas e emocionais. Ela tem uma capacidade de síntese de comunicação em diferentes níveis e de expressão de emoções. A metáfora não oferece uma interpretação única, o que possibilita ao ouvinte dar sentido à história e extrair o seu próprio significado. Para compreender a metáfora, ele vai para dentro de si mesmo e usa as suas experiências de vida ao tentar decodificá-la dentro do seu olhar. A metáfora corresponde a uma mensagem figurada de linguagem que tem em seu interior múltiplas mensagens de quem a narra e constrói, e de quem a ouve e tenta decodificá-la.

A estrutura da metáfora é marcada por uma transferência de significados de um contexto para outro, de forma que ela não apenas substitui a denominação, mas contém uma informação nova. Neste trabalho, o contexto metafórico é que produz o sentido e o poder criador da metáfora, ficando o ouvinte livre para extrair o seu significado.

Assim como os clientes relatam lembrar da terapia por meio de algumas metáforas que os marcaram, eu também costumo lembrar mais de meus clientes cujas metáforas me marcaram. Um pouco de minha história pessoal com metáforas veio à tona, enquanto aprofundava minhas reflexões neste sentido e, conectá-las com impasses que vivo, atualmente, foi extremamente significativo para mim. Meu pai fazia uso de algumas expressões que me marcam até hoje. Aproximando-me de meus setenta anos, quando procuro alterar meu ritmo de trabalho e de vida, sinto grande ansiedade. Não consigo e não quero mais produzir tanto como estava acostumada, mas, quando tento propositalmente diminuir o ritmo, me sinto muito angustiada e deixo de produzir. Parece que não consigo o equilíbrio. Ao fazer essa reflexão, repentinamente acabo me conectando com duas metáforas de meu pai:

- É melhor ser cabeça de lambari do que rabo de tubarão.
- Se você comprar sabão por rapadura, tem de comer.

Vocês conseguem decodificar os valores e premissas sobre a vida condensadas nestas duas metáforas? De repente me percebo no esforço para deixar de ser cabeça, escorregando para fora do peixe e sentindo a angústia de perder minha identidade? De não ser nada? Não pertencer? Consigo aceitar ser outra parte do peixe além da cabeça? E precisa ser de tubarão? Posso hoje, adulta, me enganar e comprar sabão em vez de rapadura e usar o sabão para lavar roupa, sem ser obrigada a comê-lo?

As sensações produzidas pelas duas metáforas mencionadas acima e advindas de meu passado com meu pai, conectaram-me com uma história verídica que uso com frequência na terapia, para ilustrar como algo que foi extremamente útil em um determinado momento da vida, podendo inclusive salvar a vida da pessoa, pode também em outro momento impedi-la de viver. Muitos devem conhecer este relato, porque foi divulgado na mídia, há alguns anos.

Metáfora 1: Japonês escondido na selva (história verídica)

> Foi encontrado um japonês vivendo na selva em condições precárias. Descobriu-se que ele havia se escondido em busca de sobrevivência durante a segunda grande guerra. Tinha tanto medo que décadas se passaram e ele não soube que a guerra havia terminado. Temia de ser morto pelos inimigos ou punido por seus superiores por deserção. Assim, aquilo que um dia o salvou, posteriormente o impediu de viver.

Essa história verídica me impactou e passou a fazer parte das minhas metáforas prediletas. Quando uma estratégia de sobrevivência, útil e protetora em um determinado momento da vida, fica congelada através do tempo, impede a percepção de que o perigo passou, ou de que já existem novos recursos para enfrentar as adversidades.

Uma metáfora impactante transforma não só o cliente, mas também o terapeuta, e pode vir a ser utilizada e adaptada a outras pessoas em situações similares. Assim, várias metáforas sobre um mesmo tema podem ser utilizadas em diversos momentos da terapia e se transformarem na superposição de significados e ecos nos clientes e no terapeuta. Por exemplo, a metáfora do "Japonês escondido na selva" e a metáfora da "Cartilha do jardim de infância" na faculdade (apresentada a seguir) se sobrepõem. Ambas consistem na manutenção anacrônica de um método ou estratégia que foi útil no passado.

Metáfora 2: Cartilha do jardim de infância

> Será que a cartilha do jardim da infância que funcionou tão bem quando seus filhos eram pequenos, ainda vai funcionar agora que eles são adolescentes ou estão na faculdade?

Gosto especialmente dessa metáfora para pais dedicados, que foram ótimos pais de filhos pequenos, mas que usam a mesma "cartilha" quando os filhos crescem. Pais que não aprenderam a (ou esqueceram de) delegar responsabilidades, de cultivar a autonomia de seus filhos e não permitiram que estes errassem ao tentar aprender. Desta forma, os filhos não amadurecem, e ficam eternamente ao lado dos pais, que terão muito trabalho para tentar reverter essa situação.

Em geral, as metáforas podem ser compreendidas e decodificadas de formas diversas, de acordo com sua sobreposição à experiência de vida de cada indivíduo. É especialmente interessante considerar temas de conhecimento do cliente, experiência profissional, fase de vida e de escolaridade na construção de metáforas. Deste modo, busco desenvolver metáforas sob medida, por exemplo, relacionadas a projetos ou construções com arquitetos, engenheiros e mestres de obra, e relacionadas a doenças, cirurgias e curativos, com profissionais da área da saúde. Porém, ao usarmos metáforas relacionadas com a vida e a existência humana, conseguimos abranger quase que a totalidade das pessoas. Por isso, gosto de utilizar elementos da natureza e seus ciclos, como a chuva, raios, planetas, estações do ano. Muito útil, também, é pensar nos aspectos relativos à fisiologia do corpo, justamente por fazerem parte do cotidiano da vida de todas as pessoas. Você vai notar que gosto muito de metáforas relacionadas ao ato de evacuar, pois produzem um efeito muito interessante. Clientes e terapeutas dimensionam a sua decodificação em coautoria neste infindável universo comunicacional.

As experiências metafóricas, muitas vezes relatadas de forma anônima, geralmente não têm um autor único a ser citado. São construções que se transformam, como se tivessem vida própria, em vários níveis, em diferentes tempos e em diferentes contextos. Outras têm fonte identificável, como as interessantes histórias paradoxais do livro *Sempre pode piorar ou a arte de ser infeliz*, de Paul Watzlawick (1984), ou imagens da Bíblia e da mitologia, lendas, fábulas infantis, músicas, livros e filmes.

Existem imagens que só podem ser compreendidas por pessoas que partilham de um mesmo contexto relacional. Por exemplo, quando minha avó paterna imigrou para o Brasil, deixou sua família na Polônia em condições muito difíceis. Era o período anterior à segunda guerra mundial e o antissemitismo se agravava e atingia cruelmente as famílias judias na Europa. A liberdade era cerceada e as correspondências vigiadas. Na última carta que recebeu da Europa, a sua mãe usou uma analogia para dizer o indizível, o proibido, o censurado: "Nós estamos bem, mas seu irmão, com certeza está muito melhor do que nós". Não podemos compreender o significado oculto destas palavras, até sabermos que o irmão a que minha bisavó se referia, havia morrido precocemente de problemas cardiovasculares, deixando órfão um bebê, ocorrência muito dolorosa para toda a família, em especial à minha bisavó. Assim, algumas imagens cocriadas no contexto terapêutico, somente têm significado naquele contexto, para aquelas pessoas envolvidas em um processo relacional único. Outras podem ser utilizadas e adaptadas a contextos e situações análogas, aumentando sua força e eficácia. Na medida em que transitam, enriquecem e se transformam, através dos anos, na troca invisível de experiências entre os clientes.

Há outra experiência de minha vida pessoal que gostaria de compartilhar para demonstrar um aspecto importante da comunicação metafórica. Como ela é uma comunicação com muitas dimensões, pode ser decodificada de formas distintas e com um sentido que o emissor não imaginava. Recentemente, descobri que, sem querer, sempre usava uma metáfora sobre o parto de minha filha, que a marcou de forma que eu não gostaria. Descobri, não! Foi ela que me contou; que metacomunicou comigo.

Meu primeiro parto foi difícil, a bolsa rompeu e não havia dilatação. Fiquei muitas horas em trabalho de parto, em uma época que pouco se fazia uso de anestesia para partos normais. Já o segundo parto, o de minha filha, foi miraculosamente fácil. Tive contrações leves, mas por estarem frequentes, fui à maternidade apesar da resistência de meu marido, com muita certeza de que seria um alarme falso. Era de manhã cedo, meu médico chegaria às 8 horas e eu queria esperar por ele para o nascimento do bebê. A parteira me examinou e disse: "Rápido para a sala de parto!". Eu argumentei, dizendo que ainda não estava pronta e que queria ir ao banheiro, mas ela respondeu: "Você pensa que quer ir ao banheiro, mas é o bebê que está nascendo!". Meu marido, que é médico, correu para trocar de roupa para entrar na sala de parto, mas quando ele chegou, já ouviu o choro de nossa filhinha. Era uma menina linda e saudável. Nós duas estávamos chorando e eu chorava de alegria e susto! Tive muito medo, porque ela nasceu sem o médico, sem o pediatra, sem o meu marido ao lado, sem nenhum daqueles que me cercaram de mimos e me transmitiram segurança no primeiro parto. Eu fiquei maravilhada com a facilidade, após o susto ter passado. Sempre que surgiam conversas sobre partos eu gostava de contar como esse parto tinha sido fácil, referindo-me a ele assim: "Foi tão fácil que não pareceu um parto; mais pareceu uma diarreia!". Até que, recentemente, minha filha, que é hoje adulta, psicóloga, com dois filhos, estava participando de uma destas conversas femininas sobre parto. Eu, feliz da vida, como sempre, relatei o milagre do nascimento dela que, sem dor, parecia uma diarreia. Ela me interrompeu e disse:

"Mãe, eu não gosto quando você conta esta história. Quando criança, eu me sentia mal quando você contava, pois parecia que você estava dizendo que eu era um cocô".

Levei um susto!

"Nossa, me desculpe, nunca olhei por este ângulo! Por que você nunca falou antes que se sentia mal?"

Só então metacomunicamos (nos comunicamos sobre a comunicação) a respeito desta situação. Esse exemplo mostra o cuidado que devemos ter ao usar a comunicação metafórica no contexto terapêutico. Sempre procuro me certificar de que a metáfora faz sentido para o cliente e qual sentido ela faz, oportunizando a metacomunicação e a correção de efeitos surpresa indesejáveis.

Geralmente os efeitos surpresa são desejáveis, muito interessantes, e alavancam o processo terapêutico. Por exemplo, em uma sessão de terapia de casal, eu pontuava com os cônjuges que eles haviam se tornado especialistas em serem cobradores um do outro e ficavam atentos a tudo que faltava. A cada queixa de um, seguiam-se outras queixas e acusações do outro. Desta forma, a conta sempre continuava grande e negativa, e eles, ocupados em ser cada vez mais cobradores. Eu estabelecia analogias ao "livro-caixa" deles, onde só registravam os débitos e dedicavam pouca atenção aos créditos.

Metáfora 3: O livro-caixa

Vamos dar uma olhada em seu livro-caixa? Você registra os créditos ou só os débitos? Quem deve o quê, para quem? Como você recebe? Como você paga? Tem alguma dívida impagável? Para quem é transferido o impagável? Quando tempo tem essa dívida? Qual o prazo para caducar? Essa dívida é sua ou foi herdada de alguém? Há um protocolo para fazer ou receber elogios? Ou só para fazer críticas? No livro-caixa só se registram débitos, não se registram créditos e a dívida só cresce?".

É comum percebermos que débitos de gerações anteriores são cobrados do cônjuge ou das gerações seguintes, e créditos geralmente são esquecidos, criando-se uma dívida impagável. De repente, numa sessão, o marido disse: "É, estamos tão ocupados em sermos cobradores que esquecemos de ser motoristas". Depois complementou: "E quando isso acontece, quem dirige nosso carro é nossa filhinha de 3 anos... e nosso carro está em alta velocidade em uma estrada sem sinalização". A esposa reagiu surpresa e sorriu. Uma das queixas dele é que ela, raramente, sorria na presença dele. Ambos concordaram que estavam se percebendo apenas como um reagindo ao outro e culpando o outro pelos problemas e brigas crônicas em que viviam. O clima da terapia mudou ao trabalharmos a metáfora "ser motorista de nossas vidas e de nossa relação". Este exemplo nos remete a um aprisionamento frequente em sessões de terapia de casal, sobre o agir e o reagir. Cada um via o outro como o responsável pelo problema, projetando no outro a responsabilidade pela mudança. Ou ainda atribuía a responsabilidade a algum trauma ou sofrimento de vida no seu passado, em uma visão determinista da psicologia, onde a infância nos deixa impotentes na vida adulta e justifica a paralisia e a não mudança. Falamos sobre a transição entre se perceber como vítima de sua história ou autor de sua história. Agiam como pessoas impotentes que respondiam um ao outro, sem responsabilidade por seus atos: "Eu a agredi porque ela me tirou do sério. Ela pediu para apanhar. Com a falta de amor que eu tive na infância, eu não poderia ser uma pessoa diferente... não posso ser acusado de não ter amor para dar", queixava-se o marido.

O trabalho com metáforas faz uso da pessoa do terapeuta. Sua experiência, seus valores, seus interesses e sua experiência de vida são fontes interessantes para a criação de metáforas. Porém seu uso só será eficiente quando usadas em superposição aos interesses e temas dos clientes, e quando colocadas em momento propício do processo terapêutico. Da mesma forma, metáforas espontâneas dos clientes podem ser observadas e registradas pelo terapeuta e reutilizadas em algum momento subsequente da terapia com eles ou com outros clientes.

Há que se ressaltar a importância da confidencialidade. Os exemplos, os dados de identificação dos clientes e os recortes clínicos estão alterados, podendo combinar vários casos em uma apresentação, sendo relatados com o cuidado de manter o anonimato e a privacidade dos envolvidos. Apresento, nos capítulos seguintes, recortes de sessões, apenas para contextualizar o uso da metáfora, procurando não simplificar o complexo, nem banalizar o sofrimento e a riqueza do processo terapêutico do qual esses recortes são retirados.

Capítulo 2

FUNDAMENTAÇÃO CLÍNICA DO USO DA COMUNICAÇÃO METAFÓRICA

"Se não sei que sei, penso que não sei;
e, se não sei que não sei, penso que sei"
(Watzlawic, 1972, p. 56).

Tantos foram os livros lidos e cursos realizados nesta jornada de aprendizagem que, frequentemente, torna-se difícil discriminar qual a fonte, ou com qual colega ou cliente aprendi determinado conceito, desenvolvi determinada imagem metafórica, revisei minhas crenças, renovei minha motivação e fé em meu trabalho, e desenvolvi ou adaptei estratégias e recursos. Cito neste capítulo, algumas ideias dos autores que julgo mais significativos, com a consciência de que não poderei inserir toda a riqueza de suas obras.

Milton Erickson, precursor da terapia familiar e fundador da hipnose ericksoniana, foi famoso por suas técnicas não convencionais de terapia, onde além da inspiração na sua criatividade, destacavam-se o respeito e a fé na capacidade de cada ser humano de encontrar dentro de si as respostas para os seus próprios dilemas. Enfatizou o papel das metáforas na comunicação e na experiência humana. Personalizava anedotas (pequenas histórias) a partir da história pessoal de cada cliente, visando colocar o indivíduo em contato com o próprio saber não aproveitado e colocando ênfase no positivo.

É difícil termos acesso aos escritos próprios de Erickson, mas tomamos conhecimento do seu trabalho a partir de seus seminários didáticos, transformados em publicações por seus alunos e admiradores de sua genialidade e de sua espontaneidade, utilizadas a serviço da mudança terapêutica.

Os métodos terapêuticos de Erickson revelam resultados com aparências mágicas, despertando incredibilidade em alguns profissionais, sendo muito estudados por outros. Vários terapeutas reconheceram seus resultados, sendo que alguns os atribuíram a algum carisma especial pessoal não transmissível a outros terapeutas. A partir do estudo das ideias de Erickson, Hayley (1980) desenvolveu o método que denominou de Terapia Estratégica, de grande importância na terapia familiar sistêmica. Ele e outros autores analisavam a tese de que Erickson se comunicava com o hemisfério direito do cérebro, que se ocupa primordialmente dos processos primários, da linguagem arcaica, das emoções, do espaço, das formas e das imagens.

Jeffrey Zeig (1985), diretor da Milton Erickson Foundation, estudioso e divulgador da metodologia de Erickson, refere-se à maneira como ele fazia uso de anedotas, pequenas histórias que frequentemente produziam um efeito de dissonância cognitiva e de surpresa, que traziam novas maneiras de pensar o problema e a psicoterapia. As anedotas eram usadas para se comunicar em vários níveis ao mesmo tempo. De acordo com Zeig (1993), as anedotas: não implicam em uma ameaça; captam o interesse do ouvinte; estimulam a independência do indivíduo que, ao ter de conferir sentido à mensagem, extrai suas próprias conclusões ou empreende ações por sua própria iniciativa; podem ser usadas para diminuir a resistência natural à mudança; para exercer influência sobre a relação desenvolvida com o sujeito. Oferecem um modelo de flexibilidade; ficam impressas na memória, fazendo com que a ideia exposta seja mais lembrada.

Um terapeuta pode fazer uso dos relatos ou anedotas de Erickson, mas também, terapeutas e clientes podem desenvolver imagens e relatos personalizados. É importante salientar que a seleção de um relato particular de Erickson ou a introdução de uma história ou imagem metafórica, não produzirá, em si, nenhuma transformação. Esta somente poderá ocorrer quando tanto o transmissor quanto o receptor se encontrem em estado favorável, proporcionado pelo contexto terapêutico e pelo estado motivacional e vínculo do cliente.

O trabalho de Erickson embasa e reforça o meu trabalho sobre o uso da comunicação metafórica no contexto terapêutico, seus pré-requisitos, seus efeitos e seus impactos. Enfatiza a importância de trazer relatos, histórias, metáforas e observar as reações do cliente. Há que se considerar, sobremaneira, a comunicação analógica, a qual envolve toda a comunicação não verbal do cliente e do terapeuta, inclusive o tom de voz, o olhar, as pausas, os movimentos corporais, os silêncios e o contexto onde ocorre a comunicação entre os participantes. Erickson inspira-nos a trazer outras vozes, as vozes dos mestres e, a partir destas, a desenvolver a nossa própria voz e recursos próprios. O enriquecimento da vivência pessoal e o conhecimento de fábulas, de parábolas da religião, da Bíblia, do folclore popular, da literatura, da arte, dos livros e dos filmes ampliam o repertório do terapeuta. Recomendo que cada terapeuta registre as experiências vividas com os clientes que podem ser resgatadas no momento adequado, ficando alerta para colocar o indivíduo em contato com o próprio saber não aproveitado.

Gordon (1978) atribui a Erickson a seguinte história, a qual nos remete à sua visão do papel do terapeuta.

Metáfora 4: Cavalo perdido

"Um dia, quando eu e alguns amigos estávamos voltando da escola, um cavalo fujão passou por nós, a todo galope e com rédeas soltas, e invadiu o pasto da fazenda que ficava às margens da estrada. O cavalo, suando em bicas, procurava desenfreado por algum poço onde pudesse saciar sua sede. Como o dono daquela fazenda não o reconheceu, nós o cercamos, na tentativa de descobrir a quem ele pertencia. Com agilidade, montei o animal e instiguei-o de volta à estrada. Embora eu não soubesse para que lado seguir, tinha certeza de que o cavalo tomaria a direção certa. E foi assim. Trotando e galopando, o cavalo seguiu a estrada, rumando para o norte. De vez em quando ele se distraia e tentava sair da estrada em direção às verdes pastagens que a ladeavam. Eu então o continha, puxando-lhe um pouco pelas rédeas, e chamava sua atenção para o fato de que a estrada que ele deveria seguir era exatamente aquela em que ele estava.

> Depois de percorrermos cerca de 4 km, o cavalo finalmente mudou a direção, tomando um caminho lateral que dava acesso a uma fazenda. O fazendeiro, deixando suas tarefas de lado, veio ao meu encontro e disse: Ora, ora, ora... então foi assim que esse malandro voltou! Onde você o encontrou? Aproximadamente a 4 quilômetros daqui, expliquei-lhe. Como você sabia que deveria vir para cá? Eu não sabia... o cavalo é que sabia. Tudo o que fiz foi manter sua atenção na estrada."
>
> (ERICKSON, *apud* GORDON, 1978, p. 173)

Paul Watzlawick tem muitos livros e estudos publicados, alguns com colaboradores, onde focaliza temáticas pertinentes ao estudo da comunicação humana. Descreve, claramente, um conceito central sobre a importância de conhecer e estudar a comunicação humana em seu mais amplo espectro para compreender as interações. Considero *A pragmática da comunicação humana* (1967) sua mais importante contribuição. A obra refere-se ao estudo dos efeitos comportamentais da comunicação, sintetizados em cinco axiomas:

1. É impossível não se comunicar.
2. Toda comunicação tem um aspecto de conteúdo (informação) e um aspecto de forma (relação).
3. A natureza de uma comunicação está na contingência da pontuação das sequências comunicacionais entre os comunicantes, em que a sequência dos eventos é organizada pelos participantes de acordo com a sua ótica.
4. Os seres humanos comunicam-se digital e analogicamente, ou seja, de forma verbal e não verbal, respectivamente.
5. As permutas comunicacionais são simétricas ou complementares, conforme embasadas na igualdade ou na diferença.

A compreensão básica é de que "é impossível não comunicar": todo comportamento é comunicação e a comunicação é muito mais abrangente do que o seu conteúdo, sendo que a forma (seu aspecto não verbal) define a relação. O domínio dos cinco axiomas acima e seus efeitos pragmáticos na comunicação e relacionamento humanos alavanca e fundamenta o conhecimento sobre intervenções terapêuticas.

Segundo Andolfi (2018, p. 25), "... a compreensão da linguagem não verbal, a diferença entre conteúdo e contexto e os axiomas da comunicação humana descritos nas primeiras noventa páginas do manual histórico *A pragmática da comunicação humana* oferecem diretrizes excepcionais para o trabalho terapêutico com pacientes". A comunicação não verbal inclui: o silêncio, a tentativa de não comunicar, a entonação, o olhar, o movimento cinestésico que acompanha a comunicação verbal e o contexto onde ocorre a comunicação entre os participantes.

Watzlawick (1984) apresenta várias histórias, algumas paradoxais, que exemplificam armadilhas comunicacionais que impedem a solução ou que aumentam os problemas. Ainda segundo esse autor (WATZLAWICK, 1989), a percepção da realidade é resultado da comunicação e é bastante perigoso crer que existe uma realidade única, porque, de fato, as versões podem ser muito opostas entre si, e interpretadas como o resultado da comunicação e da experiência dos envolvidos e não como reflexo de verdades eternas e objetivas.

Watzlawick, Weakland e Fisch (1977, p. 45-83) abordam também os mecanismos de formação e tentativas de solução de problemas que impedem sua solução, ou agravam o problema e citam entre os principais:

- "O mesmo remédio, em maior dose" (p. 45), em que uma solução tentada que resulta ineficaz é repetida em maior intensidade;
- "As terríveis simplificações" (p. 53), em que não se percebe nenhum problema nos problemas existentes;
- "A síndrome da utopia" (p. 60), em que se acredita na possibilidade de solução perfeita, onde nenhuma solução existe;
- "Paradoxos"(p. 73), que criam impasses lógicos e situações insustentáveis, onde, por exemplo, se busca uma anuência espontânea frente a uma ordem.

A estrutura paradoxal é ilustrada nas metáforas de número 71 a 75.

O conceito de mudanças de primeira e segunda ordem apresentado por Watzlawick, Weakland e Fisch (1977, p. 87-99) é bastante relevante para o presente trabalho, onde as mudanças de primeira ordem implicam em mudanças que ocorrem dentro de um sistema sem alterar as premissas e as regras deste sistema; e as de segunda ordem implicam em mudanças das regras ou premissas que regem o sistema. A mudança de segunda ordem é terapeuticamente um processo mais complexo, pois implica em alteração de crenças. Vistas de fora do sistema, elas equivalem a uma mudança das premissas que governam o sistema todo.

É importante ficarmos atentos para os dois tipos de mudanças, por exemplo, em uma relação de casal onde o poder decisório é do marido e cabe à esposa obedecer, todas as alternativas sobre o que deve ser obedecido ou não, são mudanças de primeira ordem.

Mudanças de segunda ordem ocorrem quando o sistema muda ao alterar as suposições que se encontram em sua base. No exemplo acima, uma mudança de segunda ordem questionaria a premissa, a regra, e a questão mudaria para um metanível, que questiona se cabe à esposa obedecer sempre ao marido. Será a obediência à regra que define esta relação? Pode ser mudada de obediência unilateral para cooperação recíproca? Em caso positivo, esta seria uma mudança de segunda ordem.

Tanto as mudanças de primeira ordem como as de segunda ordem são importantes e podem ser funcionais. O problema ocorre quando uma mudança de primeira ordem se faz necessária e ocorre uma mudança de segunda ordem. Por exemplo, é importante os pais buscarem a melhor forma de disciplinar seus filhos pequenos e se, frente às dificuldades, optarem por renunciar à hierarquia e à sua autoridade paterna, deixam aos filhos um poder que não lhes compete. Ou ao contrário, uma mudança de segunda ordem se faz necessária e mudanças de primeira ordem são repetidas, mesmo sem sucesso e agravando o problema.

No exemplo acima, os pais de filhos adultos continuariam tomando decisões por seus filhos, quando uma mudança de segunda ordem seria transferir a responsabilidade para eles. A mudança de segunda ordem encontra-se na natureza de uma descontinuidade ou de um salto lógico, onde se alteram as premissas e as crenças básicas a respeito do fenômeno que se pretende alterar. Frequentemente, uma mudança de segunda ordem implica, paradoxalmente, em uma aceitação do limite, ou seja, na impossibilidade de mudar.

A ocorrência de mudanças de segunda ordem dentro do processo terapêutico constitui um processo complexo. Nossas crenças sobre o que devemos manter e o que podemos alterar, se tornam nossas lentes para perceber a realidade. Geralmente, tendemos a perceber a realidade que confirma nossas crenças e, assim, tendemos a confundir nossa percepção da realidade com a realidade em si.

Metáfora 5: O jogo dos 9 pontos

Para produzir mudança dentro do sistema original é necessário introduzi-la num metanível, exemplificado por Watzlawick, Weakland e Fisch (1977, p. 41) por meio do "jogo dos 9 pontos". Os nove pontos devem ser interligados por quatro linhas retas sem erguer o lápis do papel (figura 1).

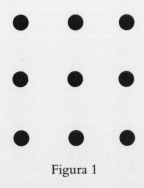

Figura 1

Se o leitor não conhecer esse problema, é interessante tentar resolvê-lo antes de prosseguir a leitura e antes de ver a solução que está na figura 2.

Quase todas as pessoas que tentam pela primeira vez resolver esse problema introduzem como parte de seu processo de resolução um pressuposto que torna a solução impossível. O pressuposto é o de que os pontos compõem um quadrado e que a solução deve ser encontrada *dentro desse* quadro, condição auto imposta, que as instruções não contêm. Seu malogro, por conseguinte, não está na impossibilidade da tarefa, mas sim na solução tentada. Tendo criado o problema, já não importa qual combinação de quatro linhas elas experimentem nem a ordem que venham a seguir; sempre terminam deixando pelo menos um ponto não conectado. (WATZLAWICK; WEAKLAND; FISCH, 1977, p. 40)

Todas as tentativas de solução e mudanças tentadas dentro da premissa de que as linhas devem ficar dentro do quadrado são chamadas de mudanças de primeira ordem. A pessoa pode percorrer a totalidade das possibilidades dentro do quadrado, mas nunca resolverá o problema. A solução só é possível a partir da alteração da premissa, que foi deduzida, mas inexiste na consigna do problema, sendo que sair do quadrado consiste em uma mudança de segunda ordem.

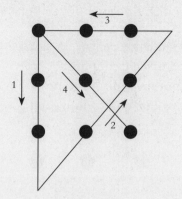

Figura 2

Bem pouca gente consegue solucionar o problema dos nove pontos. Os que desistem costumavam surpreender-se com a inesperada simplicidade da solução. Os mesmos autores acrescentam: "A analogia entre esta situação e muitas situações reais é óbvia. Todos nós já nos vimos em situação semelhante, e não importa quanto nos esforçamos por achar uma solução com calma e lógica, nos descobrimos correndo freneticamente em círculos".

Na perspectiva de mudança de primeira ordem, a solução não é possível, por exemplo: uma cliente que tentou de todas as formas resolver seu problema mantendo a premissa que teria que agradar a todos sempre e em qualquer situação, deixou seu problema sem solução. Quando pôde questionar esta regra e incluir a perspectiva de desagradar e, consequentemente, aprender a lidar com a crítica, abriu-se para novas possibilidades, efetuando mudanças de segunda ordem. A mudança de segunda ordem implica na mudança de um conjunto de premissas para outro. Visto de fora parece simples, mas na prática trata-se de um processo complexo.

Voltando ao jogo dos nove pontos, a interpretação que inclui a regra de que a tarefa deve ser executada dentro do quadrado, torna sua solução impossível. Ao poder sair do quadrado, a solução passa a ser viável, embora continue difícil, ou seja, a solução só pode ser encontrada em consequência de examinarmos as suposições acerca dos pontos e não sobre os próprios pontos.

Utilizo bastante o jogo dos nove pontos na fase inicial da terapia. Após tentarem solucionar o problema, os cônjuges são convidados a detectar as premissas que impedem a solução do seu problema e a introduzir uma nova premissa que a viabilize.

As pessoas realmente encontram novas soluções frente aos impasses. A natureza encontra adaptações sempre novas, e todo processo de descoberta científica ou de criação artística baseia-se, precisamente, no fato de sair de uma estrutura velha e entrar numa nova. Esse fenômeno ocorre com frequência nas piadas, onde o humor resulta de uma nova compreensão da situação relatada, havendo uma súbita transferência de uma linha de pensamento para outra, nova e engraçada. Deste modo, piadas metafóricas do problema do cliente ou de suas tentativas de solução constituem um instrumento interessante e eficaz no contexto terapêutico para promover mudanças de segunda ordem. Além de trazerem leveza e humor em momentos tensos e difíceis do processo terapêutico, permitem novas percepções da realidade, novos sentimentos e novas ações.

De acordo com Salvador Minuchin (1981), que foi o criador da terapia familiar estrutural, modelo que compreende a família como um sistema, e parte do pressuposto que a vida psíquica do indivíduo não é apenas um fenômeno interno, mas também um processo que se modifica de acordo com as mudanças do sistema relacional em que este indivíduo se encontra inserido, o sintoma pode ser visto como a serviço da manutenção da estabilidade da família. A funcionalidade poderia ser recuperada por meio de técnicas específicas para restabelecer hierarquias, definir limites claros e desenvolver a formulação de regras e funções para dissolver alianças e triângulos que mantêm o sofrimento e o problema. O autor desenvolveu uma série de técnicas diagnósticas e interventivas, porém seu trabalho vai muito além da técnica: inclui, também, programas de capacitação e treinamento de terapeutas, nos Estados Unidos e em outros países, inclusive no Brasil, onde tive o privilégio de aprender diretamente com ele, com sessões gravadas de seus atendimentos, sessões de atendimento ao vivo e de atendimento supervisionado.

Minuchin (1981) pode ser considerado a influência mais importante no meu desenvolvimento teórico-prático. Sua vasta obra teórica reflete a evolução do seu pensamento, enquanto ele transita pessoalmente nas diferentes etapas do ciclo vital. Destaco sua maestria clínica, sua espontaneidade e criatividade terapêutica, na forma como ele usava a pessoa do terapeuta e transformava suas hipóteses e observações sobre o padrão de interação disfuncional da família em movimento no espaço e em imagens concretas. Observava o dito, as palavras concretas utilizadas pelos clientes, o não dito, o silêncio, os movimentos e expressões faciais e corporais das famílias que atendia. Enfatizava a importância do vínculo terapêutico, afirmando "que não se pode alterar um sistema do qual você não faz parte". Como podemos ver na citação metafórica abaixo, falava da importância de o terapeuta ter um foco mais amplo de observação e uma maior flexibilidade, o que aumenta suas possibilidades de intervenção terapêutica.

"Um terapeuta que trabalha no esquema de referência da terapia estrutural da família, todavia, pode ser comparado com uma câmera munida de uma filmadora capaz de aproximar ou afastar imagens através de um movimento de lentes (*zoom lens*). Pode movimentá-la rapidamente para um *close-up*, sempre que desejar estudar o campo intrapsíquico, mas também pode observar com um foco mais amplo" (MINUCHIN, 1982, p. 13).

São muitas as marcas e as vozes de Minuchin que internalizei em minha prática clínica a partir de suas obras e cursos realizados, como: nunca colocarmos a técnica entre nós (terapeutas) e nossos clientes; na hora em que estivermos perante os clientes, devemos ser pessoas empáticas; as técnicas são importantes, mas não nos devem engessar. Desta forma, enfatizava a importância do vínculo, da espontaneidade e da criatividade do terapeuta. Em seus atendimentos, destaco a habilidade com que usava intervenções metafóricas na terapia, para tornar visível e mudar a estrutura da realidade familiar, partindo da observação do verbal, não verbal e das interações comunicacionais. Minuchin usava a autoexposição, a pessoa do terapeuta como instrumento do trabalho clínico, desde que, percebesse sua pertinência e utilidade no caso específico e no *timing* adequado.

Tive a oportunidade de ver Minuchin, em 1987, atendendo várias famílias ao vivo, num curso realizado no Family Center of Berkshires, em Williamstown, nos Estados Unidos, onde um grupo de terapeutas permanecia atrás do espelho. Como em geral se tratavam de atendimentos únicos, de consultoria, o autor rapidamente se conectava com a família e era intenso em suas intervenções. Nelas ele trabalhava com os espaços e se comunicava com a família com metáforas que conectavam o referencial do cliente com o referencial do terapeuta. Ele usava o humor de forma habilidosa, dizendo que era um terapeuta idoso e experiente e que podia se permitir fazer determinadas brincadeiras e determinadas intervenções, sendo que cada profissional precisaria traduzir e transformar as técnicas em estratégias condizentes à sua idade, à sua experiência, ao seu contexto de trabalho, à demanda e à linguagem de seus clientes e ao contexto sociocultural e emocional dos mesmos.

De acordo com Minuchin e Fishman (1981), a família constrói sua realidade, a qual é apresentada no processo terapêutico, e é tarefa do terapeuta selecionar da própria família e de sua própria cultura as metáforas que simbolizam sua concepção de realidade, sua concepção do problema e sua tentativa de solução. Geralmente, a família apresenta uma percepção da realidade "estreitada", que a limita na solução do problema. O terapeuta, então, constrói metáforas como imagens que se encaixam ou descrevem a sua percepção dessa realidade familiar limitadora ou para sugerir uma direção para a mudança. Os autores dedicaram-se tanto às técnicas de acomodação ou *joining*, onde enfatizam a importância do vínculo terapêutico, quanto às estratégias de mudança. Eles apresentam exemplos de intervenções metafóricas na terapia, ilustrando, com recortes de casos, como identificar e mudar a estrutura metafórica da realidade familiar. Partem da observação não verbal e da interação da família na sessão e usam algo concreto da experiência da família, para enfatizar metaforicamente a estrutura familiar, por exemplo:

- "Então sua mãe é o seu relógio despertador?" (p. 43), pergunta feita ao adolescente que tem dificuldade para levantar pela manhã e culpa sua mãe por seus atrasos.

- "Ela também é o seu banco de memórias?" (p. 45), pergunta feita ao marido que, antes de responder à questão do terapeuta, olha para a esposa em busca de ajuda e aprovação.

- "Então, parece que a mãe está plugada em você."(p. 47), quando uma pergunta é feita a um adolescente, mas a mãe responde no lugar dele.

Posteriormente, Minuchin, em um curso (1981), explicou que havia selecionado a imagem da "mãe plugada", porque o pai trabalhava em uma loja de eletrônica. Isto ilustra um de seus métodos, onde cria interpretações metafóricas concretas que se acomodem ao esquema de referência da família. É um tipo de imagem gerada pelo terapeuta, que não exclui intervenções terapêuticas adicionais ou uso de metáforas adicionais sobre a percepção do padrão familiar, do problema e da tentativa de solução. Há que se observar que a visão estrutural da família, como um sistema, consiste em si em uma interpretação metafórica, e representa a concepção do terapeuta sobre a realidade da estrutura da família, suas fronteiras, suas alianças, sua hierarquia, concepção essa que pode ser diferente se comparada à percepção da estrutura da família pelos seus membros. O conceito de sistema familiar é um conceito interativo, onde a mudança do indivíduo produz uma mudança no sistema familiar e a mudança no sistema familiar pode produzir uma resposta diferente no indivíduo.

> No País das Maravilhas, Alice subitamente cresceu até um tamanho gigantesco. Sua experiência foi de que ficou maior, enquanto a sala se tornou menor. Se Alice tivesse crescido numa sala que também crescesse no mesmo ritmo, ela poderia ter experienciado tudo como tendo ficado na mesma situação. Somente se Alice ou a sala mudam, independentemente, ela na verdade experiencia mudança. É simplista, mas não impreciso, dizer que a terapia intrapsíquica se concentra na mudança de Alice. Um terapeuta estrutural de família concentra-se na mudança de Alice dentro de sua sala. (MINUCHIN, 1982, p. 20)

Disso decorre que o terapeuta busca identificar a estrutura ou o padrão de realidade familiar e procura questionar essa estrutura por meio de intervenções variadas. Para isso ele precisa embasar solidamente a sua intervenção nos comportamentos interativos observados entre os membros da família. Coloco ênfase no seu uso de intervenções metafóricas espaciais e linguísticas, com figuras concretas da linguagem, por ser este o foco do presente trabalho.

Cecchin (1987) trouxe o conceito de perguntas circulares. Sua grande contribuição está na ênfase que deu à habilidade de perguntar de forma a introduzir percepções relacionais e de estimular a curiosidade dos participantes. A forma de perguntar seleciona a parte da realidade a ser relatada, ajudando a organizar determinados padrões de interação social e limitando outros. A psicoterapia é um processo conversacional em que, por meio das trocas entre o cliente e o terapeuta, se constrói uma nova realidade que, se pode dizer, é linguística.

Cecchin apresenta uma ideia de neutralidade que expressa a aceitação de que uma posição não é mais correta do que a outra, evitando julgamentos. No entanto, parece comum a confusão entre a neutralidade do terapeuta com uma posição de não envolvimento, de não interferência e de não se tornar responsável pelo processo da terapia. Ter responsabilidade não deve ser confundido com a obtenção de controle social.

Acreditar que o terapeuta tem a responsabilidade de controlar o problema da família é assumir que o trabalho do terapeuta é instruir e ensinar a forma correta de resolver o problema, o que, muitas vezes as famílias esperam, quando procuram auxílio psicológico. Se o profissional não estiver atento às suas próprias premissas e crenças, em um estado de curiosidade mental, ele desperdiçará seu tempo para controlar a família e não investirá energia para que a família encontre seus próprios recursos para a resolução de suas dificuldades. Curiosidade implica na exploração e busca de visões e movimentos alternativos. Novos movimentos aumentam a curiosidade e trazem novas realidades, sem a preocupação de definir que uma é mais verdadeira que a outra, ou que uma é a correta e a outra é falsa.

O terapeuta é livre para levantar hipóteses e questionar as crenças e as premissas da família, principalmente aquelas que, a seu ver, estão bloqueando alternativas que permitiriam melhor qualidade de vida. Uma forma de gerar hipóteses úteis é o uso da metáfora do contador de histórias. As famílias são contadoras de histórias e, quando estão em terapia, trazem histórias prontas que, no entanto, nem sempre lhes são úteis. Como terapeutas clínicos temos a condição de oferecer novos elementos (*scripts*) para a expressão e organização dessas histórias. A partir de hipóteses e perguntas, a família confirma ou altera esse *script*, alimentando o seu senso de curiosidade e o do profissional

Se nós descrevemos os fatos e as crenças como únicos e verdadeiros, nós paramos de buscar hipóteses que questionam e desafiam as histórias familiares e também as nossas próprias premissas. Cecchin alertou para o risco de o terapeuta "casar" com suas próprias hipóteses e ficar congelado numa visão única do problema, tornando-se tão impotente quanto a família.

Há uma interferência recíproca onde terapeuta e família influenciam-se mutuamente: nos sistemas de crenças e nas premissas, numa relação de recursividade. A seguir, apresento um exemplo de pergunta circular, desenvolvida por Steve de Shazer (1986) e adaptada por Cecchin.

Metáfora 6: A pergunta do milagre

Suponha que, nesta sessão, sem que você soubesse, ocorresse um milagre que resolvesse, por exemplo, o seu problema de insegurança com as mulheres. Nos próximos dias, você vai descobrir como esse milagre aconteceu. Como você vai descobrir que isso aconteceu? O que vai fazer que não fazia antes? O que vai deixar de fazer que fazia antes? Quem vai perceber? Quando e como vai perceber? Como você vai saber?

A forma de fazer perguntas é bastante relevante. Algumas têm efeito mais terapêutico do que outras e dependem do equilíbrio entre a orientação teórica e o estilo pessoal do terapeuta, os tipos de problemas, crenças, expectativas e estilos interativos apresentados pelos clientes, desenvolvendo padrões relacionais peculiares e únicos entre os participantes. As perguntas lineares e circulares não são mutuamente exclusivas: elas se complementam, se retroalimentam e se enriquecem.

Em *workshops* com Cecchin (1996 e 1997), inúmeros exercícios de questionamento circular foram propostos nas suas mais diversas formas, favorecendo a percepção da conexão, recursividade e circularidade dos padrões relacionais mais do que precisar a causa e a origem do problema. Assim, por exemplo, o marido depressivo pode começar a perceber que não somente as queixas de sua esposa ativam a sua depressão, mas que também a sua depressão ativa o comportamento queixoso e irritante de sua esposa.

Ao abordarmos os diferentes efeitos dos tipos de perguntas, há que se perceber a descontinuidade entre a intenção do terapeuta em fazer certas perguntas e o seu efeito sobre o cliente. Reconhecer e aceitar o espaço entre a intenção e o efeito reduz a frustração do terapeuta, quando a terapia não está progredindo bem e abre espaço para o profissional considerar e investigar outras hipóteses e recursos alternativos de intervenção.

Outra questão importante é observar o que o terapeuta está perguntando e como ele é ouvido pelo cliente ou membros da família. O ato de ouvir dos clientes é sempre determinado pela autonomia de sua história e pelo seu psiquismo. Então, a intenção de um terapeuta ao fazer uma questão específica nunca é a garantia de resultados específicos sobre o cliente, justamente porque o efeito real de fato é sempre imprevisto. O terapeuta avalia, a partir de suas hipóteses, e age de acordo com uma intenção terapêutica. Seu efeito deve ser observado confirmando a direção da intervenção terapêutica, levantando novas hipóteses, novas questões e realimentando, assim, o processo terapêutico.

Vale ressaltar que há o risco de o terapeuta que está aprendendo a usar as perguntas circulares ou as intervenções metafóricas, ficar muito entusiasmado e passar a usar esses recursos de uma forma repetitiva e cansativa, o que acarretaria pouca eficácia e um pouco de frustração.

Na década de 1980, White e Epston desenvolveram a terapia narrativa que é uma forma de terapia pós-moderna e colaborativa. Essa abordagem entende que as pessoas são as maiores especialistas em suas vidas e, por isso, o olhar sobre as histórias que elas contam sobre si mesmas passa a ser priorizado. Dentro desta visão, cada pessoa, família ou instituição conhece sua identidade a partir das narrativas que cria sobre os eventos de sua vida. Os problemas são entendidos como decorrências dos significados atribuídos pelas pessoas aos fatos da vida e do modo como organizam suas vidas em torno desses fatos. (WHITE; EPSTON, 1993)

White (2004) questiona as abordagens da terapia de casal que conceitualizam o problema do casal como falta de comunicação, comunicação pobre ou inadequada. Essas abordagens tendem a ser pedagógicas e focam no encorajamento do casal para a aprendizagem e desenvolvimento de uma comunicação mais adequada para a negociação e solução de seus conflitos. Isto não significa que ele desvalorize uma comunicação saudável, mas questiona a noção de que uma boa comunicação se constitua numa panaceia para a resolução de todos os tipos de dificuldades relacionais, visão que estreita o âmbito da terapia. Esse autor desenvolveu recursos para:

- favorecer uma nova perspectiva de sua própria vida, sua história e identidade;
- reengajar-se com aspectos negligenciados de sua própria história;
- construir novos significados para experiências não compreendidas previamente;
- dar passos na sua vida em direções nunca antes consideradas;
- pensar além da forma rotineira. (WHITE, 2004, p. 50).

White sugere o uso de perguntas e conversações externalizadoras nas quais os clientes são capazes de se separar das descrições restritas onde os problemas são vistos como parte da identidade do cliente. A exteriorização é um recurso da terapia que incentiva a objetivação do problema, processo onde o uso de metáforas é bastante efetivo para tomar a distância necessária do problema. Sugere ainda que a terapia mova seu foco para a reautoria em conversações, onde o cliente substitui conclusões de identidade negativa por positiva por meio de histórias múltiplas que tendem a aumentar alternativas e caminhos para novas compreensões. Utilizo com frequência seu conceito de externalização do problema, que consiste em colocar o problema em uma distância que permite uma nova percepção e abordagem sobre ele, assim como o conceito de reautoria da própria história, onde o cliente passa a ser dono, ao invés de ser vítima da mesma.

Concluo que a imagem metafórica favorece a externalização do problema. As perguntas desenvolvidas para facilitar essa externalização e o desenvolvimento de histórias alternativas nos auxiliam também na elaboração de metáforas. Quando o cliente pergunta "Tenho solução? A terapia pode me ajudar?", costumo sugerir as seguintes questões para reflexão: "Se você se unir a mim contra o seu problema, teremos um bom prognóstico, mas se você se unir ao seu problema contra mim, temo que serei de pouca ajuda".

Ou então posso contar essa história popular:

Metáfora 7: A batalha entre os dois lobos

"Um velho índio disse a seu neto: Filho, há uma batalha entre dois lobos dentro de todos nós. Um é mau. É a raiva, a inveja, a ganância, o ressentimento, a inferioridade, as mentiras e o ego. O outro é bom. É a alegria, o amor, a esperança, a humildade, a bondade, a empatia e a verdade. O garoto pensou sobre aquilo e perguntou: Qual lobo ganha? Ao que o velho respondeu: Aquele que você escolhe alimentar."

A seguir, faço um pequeno recorte de um caso de um cliente jovem que relata a sua história de vida, centrada no sentimento de abandono e mágoa pelo seu pai, depois do falecimento de sua mãe. Menciona como seu pai abandonou os dois filhos (meu cliente e seu irmão menor), quando casou novamente e passou a morar com a segunda esposa e o filho dela. O cliente e o irmão ficaram aos cuidados da avó materna, que ficou desamparada, e fez inúmeros sacrifícios para educá-los. Sua mágoa e rejeição às tentativas paternas de aproximação encontram-se no centro de sua narrativa de fracasso pessoal e profissional, onde ele se percebe como vítima de sua história e impotente para alterá-la. A exploração de registros de histórias alternativas, onde surge o acesso a fatos não presentes na história dominante, o auxilia a perceber que o pai sempre havia dado suporte financeiro para a avó materna, assim como o levava diariamente para escola. Tais aspectos, entre outros, lhe permitiram rever o seu conceito de abandono, deixando de ser vítima de sua história, para apoderar-se da mesma. Neste caso, o sentimento de ser "órfão de pai vivo" relacionado à sua busca frustrada por um pai ideal, é substituído pela aceitação de um "pai possível", imperfeito, porém real.

A ideia central extraída do caso acima referido é de que se o cliente consegue alterar a percepção de sua história consegue, também, mudar a forma como aborda seu problema e se abrir para novas emoções e atitudes. Esta abordagem também enfatiza o processo de questionamento desenvolvido pelo terapeuta, o qual favorece a reautoria da história do cliente, trazendo à tona lembranças tão verdadeiras como as anteriores, no sentido de torná-lo "dono" de sua história e não mais "vítima" dela.

Capítulo 3

SOBRE METÁFORAS E SUA INCLUSÃO NA TERAPIA

"A verdadeira viagem não está em sair à procura de novas paisagens, mas em possuir novos olhos".

(Marcel Proust)

Metáforas e psicoterapia têm andado juntas há muito tempo, fazendo-se presentes de formas distintas e em momentos variados do processo terapêutico.

De acordo com Andolfi (1984), um terapeuta inter-relacional deve se habituar a falar e escutar de forma metafórica, o que permite enviar e receber mensagens múltiplas em diferentes níveis de abstração. Ele ressalta que falar metaforicamente pode ser um meio eficaz de obter informação, que seria dificilmente desvelada de outras formas, de grupos familiares particularmente rígidos e defensivos. É possível discutir um tema metaforicamente sem explicitar a correlação com a situação problema, ou fazer a correlação e avaliar as implicações para a situação, observando os momentos e movimentos da metáfora em relação ao tema terapêutico. Em certos casos, a comunicação metafórica promove a mudança através da tomada de consciência, ou da criação de uma nova atmosfera nas sessões, o que possibilita a modificação de formas habituais de relacionamento.

Para Bergman (1996), as metáforas são muito ricas, impactantes e tridimensionais. Contêm uma descrição visual, à qual se associam mensagens e certas emoções. Quando quem as usa é um terapeuta experiente seu impacto é forte. Para o autor, as metáforas estão vinculadas às emoções e podem ser consideradas um fenômeno do hemisfério cerebral direito. Sua metáfora da orquestra, em que diz ao marido que a esposa quer ser o maestro na relação deles, mas que cabe a ele tocar seu próprio instrumento, mostra a importância da individualidade e da relação (ver metáfora 38). Ao referir-se ao seu problema, metaforicamente, o casal pode tomar certa distância em relação ao seu conflito e, assim, abordá-lo de forma mais leve. No uso da metáfora da orquestra, ela foi tomando formas distintas com diferentes clientes. Por exemplo, acrescentei a importância de *afinar a orquestra* como exercício contínuo de calibração no relacionamento interpessoal. Mesmo um maestro experiente necessita que seus músicos afinem seus instrumentos antes de cada apresentação, salientando-se a necessidade do exercício contínuo de equilíbrio entre individualidade e relacionamento interpessoal.

Schnitman (1996) descreve as metáforas como recursos que expandem os espaços do possível, vinculando descrições em termos não relacionados previamente. Assim, a metáfora torna visíveis relações novas, cria significados, alternativas discursivas e práticas, modos de ser e mundos possíveis. Concebe-se como um modo de compreensão por meio da projeção de um domínio de experiência para outro com o propósito de construir algo diferente. Para a autora, a metáfora não é apenas uma modalidade linguística de expressão, mas também uma das estruturas cognitivas e construtivas centrais na organização de significados e atitudes.

Casula afirma que:

> Os terapeutas usam as metáforas como um instrumento maleável, que pode servir a superar as resistências do sujeito, para explicar conceitos e facilitar o aprendizado, para aumentar o nível de motivação, para proporcionar eventos, para provocar uma crise, para reformular atitudes limitantes, para atenuar a intensidade do medo, modificar relações e abrir a mente. (CASULA, 2015, p. 31)

Assim, metáforas interligam diferentes universos por meio de alguma similaridade, ajudando a compreender uma ideia mais desconhecida por meio de outra mais familiar, ou compreender algo abstrato de forma concreta, ou inversamente, entender algo concreto, de forma abstrata. Permitem sentir algo pensado, ou pensar sobre algo sentido, possibilitando o distanciamento necessário para identificar e avaliar fatos a partir de outra perspectiva. Desta forma, assuntos complexos e dolorosos podem ser vistos, pensados, sentidos e abordados de forma mais leve e lúdica, flexibilizando percepções, cognições e comportamentos, mobilizando e tornando visíveis emoções muitas vezes não percebidas.

Metáforas são um recurso de linguagem antigo. Aristóteles (384-322 a.C.) se ocupou da metáfora e dos seus efeitos como figura central do discurso. O uso de metáforas se deu por retóricos gregos, que procuravam, por meio de imagens fortes, influenciar o ouvinte e criar estados emocionais favoráveis para produzir mudanças em seu comportamento. Eles procuravam alterar as premissas dos interlocutores por meio da linguagem e das emoções que a metáfora acarreta. Pittman (1997), citando Aristóteles, explicou a diferença entre comédia e tragédia da seguinte forma:

Metáfora 8: Comédia e tragédia

> Se os personagens são retratados como melhores do que na vida real, trata-se de tragédia, se como piores, de comédia. Se nos concebermos em termos heroicos, dotados de um eu superior, com posturas mais ideais do que reais, estamos condenados. Essas pessoas que pretendem ser mais que humanas, ou que seus maridos, pais ou filhos o sejam, enlouquecerão a si mesmas e a seus entes queridos.

Pittman comenta que na prática clínica nos deparamos com a dor das tragédias das vidas imperfeitas, dos pais imperfeitos, dos filhos imperfeitos, do amor imperfeito, do dia imperfeito, das emoções imperfeitas e do corpo ideal. Quando ser imperfeito apenas como os seres humanos o são é suficiente, termina a tragédia e começa a comédia.

Na comédia não temos de ser perfeitos e podemos rir de nossos erros e imperfeições. Este aspecto é pontuado por Pittman, o qual salienta a importância de a terapia infundir otimismo. Por meio do riso terapêutico, pode-se potencializar o indivíduo, oferecendo-lhe alternativas diante e além do problema.

Sistematizar um método e escrever sobre o uso da metáfora como intervenção terapêutica é um processo difícil, pois a escrita é um processo linear e as metáforas são circulares, vêm da tradição oral e são muito ricas também na comunicação não verbal.

Como já apontado anteriormente, muitas metáforas surgem num momento relacional, especificamente para um indivíduo, para um cliente, em determinado contexto e precisam estar fundamentadas na conceituação do caso pelo terapeuta. Ao usá-las, precisamos ficar atentos à resposta emocional do cliente. Quando funcionam, trazem humor, clima de esperança, abrindo-se para novas alternativas.

Fico sempre impressionada ao constatar a riqueza e a maleabilidade de recursos que um ser humano tem. Fico encantada com a sua capacidade de aprendizagem. Alguns são médicos, professores, surfistas, artistas, músicos, paraquedistas, escritores, pesquisadores, um número infinito de potencialidades que podem ser aprendidas e desenvolvidas. Fico impressionada como tantas habilidades são possíveis e como a composição das 26 letras do alfabeto pode ser usada para expressar tantas línguas e ideias diferentes!

Da mesma forma, fico impactada com a rigidez e com a repetição do mesmo padrão frente a um problema que, aparentemente, fica sem solução ou se agrava. Geralmente, nesses momentos é que a intervenção metafórica se torna mais indicada e mais eficaz, abrindo-se para novas percepções, cognições, emoções e atitudes.

A seguir, apresento o exemplo dado por um cliente de uma metáfora, que passa a fazer parte da linguagem terapêutica deste caso e depois é reutilizada para outros:

Metáfora 9: Gota de tinta em copo de água límpida

Um cliente, homem adulto jovem, aos olhos externos muito bem-sucedido na vida profissional e pessoal, se sentia sempre diminuído, inferiorizado, inseguro, pouco autoconfiante e depressivo. Ao tentar compreender com ele, como isso funcionava ou atrapalhava, ele comentava como era muito exigente, como seu pai havia sido ausente e fracassado, no casamento, na família e financeiramente, e como ele (cliente) havia se determinado a fazer algo diferente, mas parecia que nada era suficiente. Não

> tolerava a menor crítica e parecia impermeável aos inúmeros elogios e demonstrações de reconhecimento que recebia. Um dia ele disse: "Sabe, sinto-me como se eu fosse um copo de água límpida, onde uma crítica seria uma gota de tinta preta; basta uma gota para deixar toda a minha água escura. Um elogio seria uma gota de óleo, não se mistura com minha água e não é absorvida, não altera a minha autoimagem".

Essa imagem me tocou profundamente. Hoje penso que também tocou em algo na minha esfera pessoal; nunca a esqueci e a adaptei a outros clientes. Recentemente, ao conversar com uma amiga terapeuta que se interessa por este tema e que, coincidentemente, estava preparando uma mesa-redonda para apresentar em um congresso de terapia cognitivo comportamental sobre o tema "metáforas", ela fez o seguinte comentário: "Será que se o cliente deixasse repousar a gota de tinta, ela não decantaria e a água não voltaria a ficar límpida?" . Mais tarde, fui informada que o acréscimo de uma interface (terceiro elemento), poderia facilitar a adesão do óleo à água. No caso, a interface seria a intervenção terapêutica. Desta forma, vocês vão tendo uma ideia do processo criativo da construção e da adaptação das metáforas e seus efeitos sobre os participantes. A mudança de ótica e de premissas não se limita à perspectiva do cliente nem à do terapeuta, mas à justaposição de ambas, o que resulta na criação de uma nova perspectiva. E, assim, minha vida vai enriquecendo e se renovando com as metáforas cocriadas com meus clientes.

Um exemplo da vida real que demonstra a força da comunicação metafórica foi relatado no romance autobiográfico de Sidney Sheldon, *O outro lado de mim:*

Metáfora 10: O livro inacabado

> "Se você realmente quer se suicidar, Sidney, eu compreendo, mas odeio vê-lo fechar o livro tão cedo e perder toda a emoção da página seguinte, a página que você vai escrever". (SHELDON, 2006)

Sidney sempre foi muito ansioso e sonhava com o dia em que seria conhecido em todo o mundo. Desesperado ao se imaginar fracassando como escritor, decidiu se suicidar e relatou que foi surpreendido e interrompido por seu pai na execução de seu plano. Seu pai fez inúmeras tentativas infrutíferas para demovê-lo de sua determinação suicida, até que, resignado, disse para o filho algo como as palavras acima. Sidney relata não saber como, mas estas palavras o tocaram profundamente e ele mudou de ideia. Sidney Schechtel, um jovem que teve uma infância conturbada por brigas entre seus pais, mudanças constantes de cidade, ausência de amigos e uma condição social abaixo da média, conseguiu driblar as dificuldades, tornando-se Sidney Sheldon, um escritor que teve mais de 300 milhões de livros vendidos, sendo listado no livro dos recordes de 1997 como o autor mais traduzido no mundo, com livros em 51 idiomas.

Temos de levar em consideração que a arte de aplicar a técnica é tão importante como a técnica em si. A intervenção metafórica deve estar integrada ao processo terapêutico e embasada, solidamente, na observação dos comportamentos, interações e verbalizações do cliente, e no referencial teórico do terapeuta. Repousa no vínculo, na empatia, no respeito pelo cliente e seus recursos, e no uso do *self* do terapeuta.

Sabemos que a psicoterapia é um empreendimento interpessoal, sendo o relacionamento essencial, mas não suficiente para a mudança terapêutica. Necessitamos de intervenções e técnicas, as quais devem estar integradas ao processo como um todo. Somente técnicas tampouco são úteis.

O relacionamento e as intervenções metafóricas não são independentes, mas trabalham em conjunto. O relacionamento e o clima de confiança no processo terapêutico possibilitam as intervenções efetivas e mobilizadoras, as quais, por sua vez, fortalecem a confiança e a colaboração terapêutica.

Conforme já apontado, o uso da comunicação metafórica na terapia é reconhecido por muitos autores como extremamente potencializador do processo terapêutico. Aprendi muito com esses autores e minha voz se inspira e se confunde com tantas outras, que se sobrepõem, se complementam, se questionam, se reforçam e se misturam, mas que direcionam para um caminho comum.

Vale ressaltar que narrativas ou imagens metafóricas em si não produzirão, provavelmente, nenhuma transformação. Esta ocorre quando a metáfora, em seus múltiplos níveis de comunicação, faz algum sentido para o cliente, o qual faz a sua própria decodificação de acordo com o seu referencial e motivação proporcionada pelo contexto terapêutico.

De acordo com Mazer (2018), a respeito do uso de metáforas na terapia de casal, o terapeuta deve observar que:

- As metáforas podem ser introduzidas pelo cliente e colocadas em foco e desenvolvidas pelo terapeuta.
- Podem ser introduzidas pelo terapeuta, a partir de suas hipóteses acerca do problema e possíveis intervenções.
- Podem ser introduzidas pelo terapeuta fazendo relações entre aspectos ou impasses clínicos relevantes e interesses do cliente, sua experiência de vida, seu trabalho, seu *hobby*.
- Podem ser específicas para um caso único, ou relacionadas a temas que se repetem e que podem ser adaptadas a casos diversos.
- Podem ser pinçadas das histórias dos clientes, de sua comunicação, e compostas em novos jogos linguísticos, acompanhados de novas emoções, novas cognições, novas ações.
- O uso terapêutico de metáforas tem como condição a adequação ao contexto e ao *timing* da terapia, quando conectam emoções e significados, que possibilitam reestruturações cognitivas, emocionais e comportamentais.

As metáforas, ainda de acordo com Mazer, quando fazem sentido para os clientes, adicionam efeitos especiais na terapia, pois:

- Trazem novas óticas, conectando razão e emoção, favorecendo alteração de premissas rígidas e mudanças de segunda ordem.
- Favorecem a memorização e permanecem na mente do cliente por semanas, meses, ou até anos, continuando a exercer efeito.
- Criam impacto na intervenção terapêutica.
- Criam emoção, elemento poderoso para o processo de mudança.
- Podem resultar em mudança cognitiva, emocional ou de comportamento.
- Empurram para a ação, favorecendo novas percepções quando a situação-problema se apresenta.

- Favorecem o processo de externalização do problema, permitindo abordar temas difíceis. Permitem pensar além do pensamento rotineiro e questionar aspectos que são tomados como verdadeiros, balançando certezas.
- Partindo da premissa de que a realidade é múltipla, a inclusão da metáfora em um diálogo pode trazer novos significados, que podem libertar o cliente de sua *"história dominante"*, vista como a única possível, possibilitando a construção conjunta de uma nova visão de realidade;
- Criam atmosfera leve e lúdica. (MAZER, 2018, p. 126)

A observação atenta da resposta do cliente à intervenção metafórica é importante no prosseguimento do processo terapêutico. A atenção para a comunicação analógica do terapeuta, na forma como a metáfora é introduzida, é tão importante quanto o processo de elaboração dela. Há que se ressaltar que a metáfora procura despertar interesse, curiosidade, surpresa e principalmente emoções que se conectam a significados, com grande poder de redefinição, ou metaforicamente falando, ativar curtos circuitos entre pensamento, emoção e ação, como verdadeiros efeitos especiais.

Em geral, as metáforas podem ser compreendidas e decodificadas de formas diversas, de acordo com sua sobreposição à experiência de vida de cada indivíduo. Vale enfatizar que elas podem se embasar no tema do cliente, em seu *nó*, no seu conhecimento, na sua habilidade, na sua profissão ou no seu *hobby*. Podem ser apresentadas, como já descrito, por meio de livros, músicas, filmes, poesias, expressões artísticas, cultura popular, provérbios e piadas. São muito úteis e trazem bons resultados, as metáforas relacionadas a processos do corpo humano, do comportamento animal e de fenômenos da natureza, pois esses fazem parte do referencial cognitivo vivencial da maioria das pessoas.

Histórias verídicas que causam impacto no terapeuta, como as já citadas *Japonês escondido na mata* e *O livro inacabado*, são também bastante úteis em diversos contextos e etapas da terapia.

Clientes e terapeutas dimensionam a sua decodificação e coautoria neste infindável universo comunicacional. As metáforas trazidas ao contexto clínico são, eventualmente, relatadas de forma anônima, pois nem sempre têm um autor único a ser citado. São construções que se transformam, como se tivessem vida própria, em vários níveis, em diferentes tempos e em diferentes contextos. Outras têm fonte identificável. Uma vez incluídas na terapia, são interpretadas de forma única e pessoal, podendo ser transformadas no registro do cliente e do terapeuta. O terapeuta pode utilizá-las, adaptando-as ao seu cliente e ao momento específico do processo terapêutico, ou pode se inspirar e, a partir destas ou de outras experiências suas ou dos clientes, criar novas.

A inspiração é um processo criativo, que sobrepõe lógica e sensibilidade, teoria e prática, e se encontra sempre presente, quando o terapeuta faz uso de metáforas, quer para a criação de nova metáfora, quer para reforço ou adaptação de alguma já utilizada, que é evocada quase magicamente da memória do terapeuta, por associação, no decorrer da conversação terapêutica.

3.1 SOBREPOSIÇÃO DE REALIDADES POR MEIO DA IMAGEM METAFÓRICA

De acordo com Mazer (2018), a metáfora terapêutica é um tipo de metáfora conceitual, em que uma parte ou o todo de uma situação é expresso em termos paralelos, na comunicação entre o terapeuta e o cliente, trazendo desta forma uma nova luz e um novo olhar ao que está sendo descrito.

O conceito de metáfora é relacional e dinâmico. Envolve a justaposição de propriedades entre várias experiências, de tal forma que elementos de uma favorecem novas percepções na outra. No contexto terapêutico, expandindo a ideia de David Gordon (1978), por meio da intervenção metafórica, procuramos sobrepor vários níveis de percepção da realidade:

- a realidade do tema trazido para a terapia;
- a conversação terapêutica sobre ele;
- a concepção do cliente, conforme a hipótese do terapeuta;
- a metáfora utilizada em seus vários níveis;
- a representação interna que o cliente faz da metáfora;
- a reação do cliente;
- a resposta do terapeuta à reação do cliente.

Para compreender melhor esse conceito podemos imaginar a visão em três dimensões que resulta da sobreposição da imagem captada pelo olho direito e pelo olho esquerdo. A visão de apenas um olho, não nos dá a noção de profundidade. Exemplifico a seguir com recortes de um caso que denominei *O turista perfeito* (MAZER, 2018).

Metáfora 11: O turista perfeito

> "Você disse que nunca faz uma viagem que não seja prazerosa e que o segredo é que você seleciona os melhores pontos de cada lugar para visitar. Fiquei com uma curiosidade! Se sua esposa fosse uma cidade que você estivesse visitando, que tipo de viagem seria esta? Que pontos você escolheria para visitar? Essa viagem entraria na categoria de suas boas viagens?".

Mazer apresenta um caso de terapia de casal, em que a esposa se queixava que o marido a criticava em tudo que ela fazia. Dizia-se sem vontade de tomar iniciativas para melhorar o clima relacional do casal, pois não via mais solução. O marido, por sua vez, dizia que a criticava mesmo, porque ela era muito chata, só reclamava, e nunca fazia nada legal para melhorar a situação. Ela rebatia com seu discurso de que nada que ela fizesse seria suficiente, já que ele só reclamava. E ele acionava novamente o seu discurso. Em algum momento anterior da difícil terapia desse casal, o marido havia comentado que adorava viajar e que todas as suas viagens eram ótimas e maravilhosas. Eu perguntei: "Como?". Ele disse: "Eu planejo muito bem as minhas viagens, estudo os pontos turísticos, seleciono o que cada lugar tem de melhor para oferecer e só vou lá. Não sou bobo, não vou a lugares feios".

Eu fiquei atenta a essa informação e quando ressurgiu o ciclo de acusações e críticas, eu pedi licença para interromper e disse ao marido: "Em uma de nossas sessões você disse algo muito interessante que eu gostaria de retomar. Talvez isso possa nos ajudar neste impasse, talvez não...". Geralmente este comentário desperta o interesse do cliente: "O que será que eu disse que interessou à terapeuta?" E eu acrescentei: "Você disse que nunca faz uma viagem que não seja prazerosa e que o segredo é que você seleciona os melhores pontos de cada lugar para visitar. Fiquei com uma curiosidade! Se sua esposa fosse uma cidade que você estivesse visitando, que tipo de viagem seria essa? Que pontos você estaria escolhendo para visitar? Essa viagem entraria na categoria de suas boas viagens?". Ele me olhou perplexo e ela surpresa. Algo estava nitidamente acontecendo dentro dele. Permaneci em silêncio até que ele disse: "Nossa, eu nunca havia olhado por esse ângulo!".

Como vimos, a metáfora implica uma correlação ou superposição de realidades. Neste caso, temos duas realidades:

- Realidade 1: O contexto de turismo: onde o marido relata só fazer viagens maravilhosas e bem-sucedidas. Neste, a premissa é conhecida pelo cliente: "...eu só faço viagens boas, porque sei selecionar o que vou usufruir e seleciono o melhor de cada viagem. Logicamente, não sou bobo e não vou incluir na minha visita o que o local tem a oferecer de pior, mas o que tem a oferecer de melhor".

- Realidade 2: O contexto conjugal e o contexto terapêutico. Nas sessões de terapia de casal, observa-se um padrão que foca nos defeitos e falhas da esposa, e tem uma visão que amplia seus pontos negativos, não reconhecendo seus aspectos positivos. Este processo em sua vida conjugal não é percebido pelo cliente, o qual se encontra defensivo, não vê muitas perspectivas de recuperar a qualidade da vida conjugal, julga sua esposa salientando seus pontos negativos, coloca muitos rótulos sobre a mesma e coloca toda a expectativa da terapia em uma mudança de comportamento dela, o que julga pouco provável. Não se dá conta de sua participação na pouca gratificação da sua vida conjugal. No contexto conjugal, diferentemente do contexto de turismo, este processo de percepção seletiva do negativo da esposa não é intencional nem consciente. O marido parte da premissa que se encontra impotente e que só "*reage*" à chatice da esposa. Ela, por sua vez, procura se defender, dando longas explicações, trazendo à tona mágoas antigas, o que reforça a visão dele da "*chatice dela*". Assim a defesa de cada um faz com que o outro se sinta atacado, aumentando a escalada simétrica e a tentativa de solução que agrava o problema.

O terapeuta pode tentar mostrar essa leitura via hemisfério cerebral esquerdo, na seguinte linha de intervenção: "Você percebe como você foca no negativo da sua esposa e não percebe os pontos positivos dela? E você percebe que para se defender apresenta justamente as atitudes das quais seu marido tanto se queixa?". O terapeuta já detectou o ciclo de vulnerabilidades (Scheinkman e Fishbane, 2004) e pode expor o mesmo para o casal, e isto é muito útil. Por outro lado, com o objetivo de quebrar o padrão acusatório e defensivo, no caso do marido, para que as intervenções acima possam ultrapassar a linha de impermeabilidade estabelecida e possam ser ouvidas pelo mesmo, é que podemos fazer uso da intervenção metafórica, sob a forma de uma pergunta. "Você me falava sobre como você é bem-sucedido em suas viagens de turismo e qual era o segredo dessas viagens tão gratificantes e prazerosas. Você lembra qual era o segredo?". Ele respondeu: "Será que você estaria se referindo ao fato de eu estudar antes o roteiro e saber exatamente o que de melhor usufruir em cada local a ser visitado?". Ao que eu respondi: "Sim, isto mesmo que eu gostaria de retomar, estou ficando um pouco confusa, me perguntando... será que você é mesmo capaz de ser bem-sucedido em todas as suas viagens? Se sua esposa fosse uma cidade, quão agradável seria sua visita turística a ela?" Eu estava nesse momento sobrepondo ao contexto 1 (turismo), o contexto 2 (conjugal), tornando questionável desta forma uma premissa aparentemente tida como verdadeira e inquestionável, até então.

O terapeuta, a partir da observação do cliente, suas dificuldades, suas expectativas da terapia, sua experiência de vida e seus interesses, seleciona uma intervenção metafórica e aguarda o melhor momento para introduzi-la. O terapeuta fica, então, atento à reação do cliente e, a partir da mesma, opta pela melhor forma de dar prosseguimento à sessão. Geralmente, é interessante perguntar ao cliente se a observação feita faz sentido e qual o sentido que ele atribui à colocação do terapeuta. No exemplo do casal acima, o impacto foi visível, pois trouxe um novo clima à sessão, permitindo acesso ao processo do casal de forma mais produtiva. A metáfora *O turista perfeito* passou a fazer parte da terapia, sendo reutilizada de forma lúdica entrelaçada a outros recursos ao longo do processo terapêutico. Este é um exemplo de metáfora construída dentro do processo relacional de um caso específico, mas que pode ser adaptada e útil para outros clientes. É aqui que desejo chamar a atenção dos leitores para algo importante. Em que teria sido diferente se eu dissesse ao cliente: "Você percebe que tem se esquecido de olhar para os pontos positivos de sua esposa? Você lembra o que gostou nela quando se conheceram, quando se casaram?". O que ele responderia? Eu poderia ter provocado nele a mesma emoção, ou então, a mesma reflexão? Possivelmente não, pois a metáfora inserida alterou a ansiedade presente (por resultados imediatos, por desesperança, pelo clima de tensão e pela busca de um culpado) para outras emoções, mais agradáveis, possibilitando ao marido olhar para os inúmeros pontos positivos de sua esposa. É preciso habilidade para que o processo terapêutico não seja precocemente encerrado, permitindo que crenças sejam revistas e que emoções, como esperança, alegria e tranquilidade, possam aparecer.

Lazarus (1989) já mencionava a importância das emoções, do comportamento e cognições no processo terapêutico, onde, a partir das reações dos consultantes, suas pausas, silêncios, movimentos corporais, olhar e tom de voz, o terapeuta extrai informações a respeito de como suas intervenções são interpretadas: um rosto que se ilumina, um olhar de surpresa, uma gargalhada e um movimento de cabeça podem indicar que novas perspectivas estão surgindo.

As metáforas bem-sucedidas introduzem novos significados e novas óticas e têm grande poder de redefinição. Em meu trabalho, muitas vezes, o uso de metáforas é determinante para desbloquear uma situação que parece estancada. Existe o risco de o terapeuta, que está aprendendo a usar intervenções metafóricas, ficar muito entusiasmado e passar a usar esse recurso de forma repetitiva. Pode ser percebida como trivial e tornar-se irritante para a família ou para o cliente. Neste sentido, a introdução de metáforas no processo terapêutico requer a habilidade de captar, da comunicação do cliente, informações que favoreçam a formulação de metáforas que contêm uma dimensão que comunica uma percepção alternativa do problema, mas que, ao mesmo tempo, contêm elementos da realidade do cliente. O terapeuta guarda essas informações e, a partir da teoria e da técnica que embasa seu trabalho, desenvolve intervenções metafóricas que podem ser úteis. Então, aguarda o momento adequado e a maneira adequada para introduzir a metáfora de forma a potencializar seu efeito.

O terapeuta experiente em comunicação metafórica desenvolve uma escuta no sentido de perceber propriedades que se justapõem entre duas realidades ou experiências: a experiência e o relato do cliente e a experiência e as hipóteses do terapeuta condensadas em uma imagem metafórica. Em linguagem simples, podemos dizer que se trata de um processo de redefinição, bastante enfatizado no desenvolvimento teórico da terapia familiar, com ênfase em um componente metafórico.

Dessa forma, somando-se as metáforas desenvolvidas em cocriação com um cliente específico às histórias conhecidas, podemos elaborar metáforas a partir de aprendizagens adquiridas com outros clientes. Gosto especialmente de usar metáforas advindas do funcionamento do corpo humano, da natureza e da vida animal, pois estas fazem parte do referencial da vida de todas as pessoas.

O fenômeno de transferência de uma linha de pensamento para outra que resulta em uma nova compreensão do problema e que passa a ser diferente e até engraçada, ocorre com frequência nas piadas. Consequentemente, piadas metafóricas do problema do cliente ou de suas tentativas de solução se constituem em instrumento útil e interessante no contexto terapêutico. Além de trazerem leveza e humor em momentos tensos e difíceis do processo terapêutico, abrem para novas percepções de realidade, novos sentimentos e novas ações. Minhas colegas de consultório muitas vezes me perguntavam o que estávamos fazendo na sessão, pois ouviam fortes gargalhadas. É impressionante a mudança que uma piada bem colocada pode proporcionar. Costuma alterar ou quebrar o discurso de julgamento ou de competição dos clientes, possibilitando um diálogo mais efetivo que abre para novas alternativas de relação.

É de fundamental importância a detecção das premissas e crenças dos clientes que os impedem de ter novas óticas sobre seus problemas. Ao escolher a metáfora a ser utilizada ou construída, em conjunto, na relação, é essencial o terapeuta ter consciência das suas premissas a respeito do caso e das conexões e justaposições entre sua ótica e a do cliente. Podemos utilizar várias metáforas em um mesmo caso, integrando ou superpondo vários desses elementos e intercalando com outras formas de comunicação e recursos do repertório do terapeuta, independentemente de sua abordagem teórica.

O uso efetivo de metáforas envolve a habilidade de elaboração, inclusão e adaptação de metáforas de outros profissionais ou clientes, forma e *timing* da colocação, abertura para a metacomunicação e correção de possíveis mal-entendidos.

Frequentemente, a resposta do cliente é surpreendente e implica na revisão de suas premissas, do terapêuta ou de ambos. A observação com atenção da resposta digital e analógica do cliente à intervenção metafórica é importante na indicação do prosseguimento do processo terapêutico.

A atenção para a comunicação analógica do terapeuta, na forma como a metáfora é introduzida, é tão importante quanto o processo de sua elaboração, procurando despertar interesse, curiosidade, surpresa e emoção.

Comumente no âmbito terapêutico, usam-se metáforas, partindo--se de uma imagem ou de um texto selecionado ou desenvolvido pelo terapeuta para o cliente, ou colocando-se ênfase e processando-se as metáforas trazidas por ele. O terapeuta, a partir de suas hipóteses, busca a metáfora como recurso para provocar a reflexão, novas percepções, emoções e comportamentos.

Essa experiência se renova e se desenvolve a cada atendimento clínico, ficando o terapeuta alerta para favorecer ao indivíduo o acesso ao seu próprio saber.

Capítulo 4

SOBRE TERAPIA DE CASAL

O conceito de casal e casamento, nesta obra, se refere a uma relação amorosa e sexual, de compromisso, com responsabilidades mútuas, definidas por contrato próprio, que pode ser o de casamento civil, religioso, união estável, de coabitação, ou outro, com maior ou menor medida de objetividade e clareza.

A falta, a falta parcial, a ambiguidade, ou o desconhecimento destes contratos que geralmente são escritos e reescritos, informal ou formalmente, em conjunto ou individualmente, assim como contratos explícitos, rígidos, unilaterais, ou secretos, geralmente encontram-se na base de muitos conflitos conjugais. Como sabemos, a relação do casal passa por diversas fases, por mudanças individuais de seus membros, por mudanças no ciclo vital e, muitas vezes, o contrato permanece inalterado ou desconhecido. Geralmente, no contrato, seja ele implícito ou explícito, podemos encontrar as raízes das principais dimensões dos conflitos de casal.

Assim, o terapeuta de casal necessita do conhecimento aprofundado sobre esse tema, para poder auxiliar o casal a diferenciar o término de seu casamento ou o término de um contrato que necessita ser conhecido, revisado e alterado. Ou seja, diferenciar o "não quero mais estar casado com você" do "não quero mais estar casado com você dessa forma".

Concordo com Johnson (2012) que nossa tarefa enquanto terapeutas de família e de casal é ajudar as pessoas a ter maior qualidade de relacionamento em suas relações primárias de apego, entre pais e filhos e entre cônjuges.

Remeto o leitor ao trabalho desenvolvido pela Dr^a. Sue Johnson e seu grupo na Universidade de Otawa, denominado Terapia Focada nas Emoções (TFE), terapia embasada na teoria do apego e na premissa que os seres humanos adultos e não somente as crianças, têm uma necessidade inata de uma conexão emocional segura. Conceitualiza as interações rígidas, o afeto negativo dos casais e os padrões repetitivos em termos de vínculo inseguro e desconexão emocional. Apresenta um modelo de terapia que integra a perspectiva sistêmica e usa intervenções para favorecer o desenvolvimento de abertura emocional, acessibilidade e compromisso, assim como o fortalecimento de uma relação de interdependência afetiva e efetiva do par conjugal, elementos chave no apego seguro (WIEBE; JOHNSON, 2016).

Concordo com Johnson que "não há trauma maior do que os que envolvem violação da conexão humana; ser magoado exatamente pela pessoa com quem contamos para nos dar apoio e nos proteger" (JOHNSON, 2012, p. 198).

A busca dos clientes costuma ocorrer frente à percepção de ameaça do relacionamento do qual dependem, ou sobre o qual se sentem responsáveis. Muitas vezes, chegam com a seguinte fala: "Esta é a nossa última chance, pois se a terapia de casal não der resultado, vamos nos separar". A percepção do que ameaça o vínculo tem mudado com o tempo e é subjetiva para cada casal. Esta modalidade de terapia, no início de minha experiência, era nova e pouco conhecida. Os casais encontravam esse recurso tardiamente e era comum a ocorrência do divórcio. Muita confusão se fez e, durante um período, a terapia de casal foi vista como a terapia do divórcio. Isso retrata bem o caso dos pacientes que buscam o atendimento médico apenas quando estão em estado terminal, tornando-se difícil responsabilizar o tratamento pela não melhora ou pela morte do paciente. Na medida em que a terapia de casal se torna mais conhecida e a busca de terapia ocorre antes do maior agravamento e congelamento de mágoas e ressentimentos, o prognóstico tem sido muito melhor.

Eventualmente, o casal vem à terapia, não porque seu relacionamento está em risco, mas porque os cônjuges divergem na forma de atingir os mesmos objetivos. Em outras vezes, enfrentam crises relacionadas a mudanças no ciclo vital ou situações de outra natureza que afetam os membros da família, com as quais não dispõem de recursos para lidar.

Quando os casais decidem se separar, geralmente buscam um advogado. Quando buscam um terapeuta de casal, o seu desejo, ou pelo menos o desejo de um dos cônjuges, é de salvar o relacionamento, ou de melhorar a sua qualidade desgastada pela falta de recursos para enfrentar a dor ou a contingência de vida que os traz para a terapia. Nestes casos, uma questão importante é: o que preciso aprender, ou o que precisamos aprender?

O trabalho focado no vínculo conjugal também pode ser realizado com apenas um dos parceiros. Às vezes, o outro não se encontra disponível para a terapia. Em outras ocasiões, quando se trata de trabalhar a individualidade de um de seus membros, a possibilidade de validação de uma terapia individual marca o início da conquista de um espaço para a autonomia. No entanto, no enfoque sistêmico, a alteração da parte afeta o todo, assim como a alteração do todo afeta a parte. A inter-relação entre a qualidade do estado psicológico individual e a qualidade do casal ocorre nas duas direções, tanto para o bem quanto para o mal. Nosso trabalho é quebrar o circuito de negatividade da relação por meio de um dos cônjuges ou de ambos para favorecer um aumento gradativo da melhora da qualidade da vida relacional.

Os vínculos conjugais, assim como outros vínculos relacionais, englobam dimensões e níveis diferentes. Portanto, podemos vê-los sob muitas lentes. É um tema complexo, que pode ser visto de diversos ângulos, que inclui a aparente paradoxal, mas complementar busca de equilíbrio entre o ser e o pertencer, e entre a estabilidade e a mudança.

Vejo o casal como a estrutura básica da família e, quando trabalho com casais, principalmente, com aqueles que têm filhos pequenos, sei que os benefícios de uma terapia bem sucedida vão se estender para as próximas gerações. São conhecidos os malefícios da transmissão para as crianças de problemáticas não resolvidas. Estas podem nem ser reconhecidas nos indivíduos em formação e nos casais que virão a formar em suas vidas adultas. Penso nos pequenos que estão em casa, que talvez sintam, mas que ainda não conseguem avaliar, o impacto da desintegração disfuncional de sua base segura sobre suas vidas. Pior ainda será se eles ficarem paralisados, inadvertidamente, no meio do conflito de seus pais. Portanto, a cada terapia de casal bem-sucedida, sinto uma enorme realização profissional. Por outro lado, experimento uma grande frustração, quando o processo terapêutico não consegue quebrar os padrões rígidos dos casais, que tanto os fazem sofrer e que, geralmente, mantêm insolúvel o problema que os traz para a terapia.

Nos momentos de escalada de estresse, de acusações mútuas, de agressividades, de brigas por uma verdade única, de busca de aliança com o terapeuta para ver quem tem razão e quem é o culpado, surgem metáforas que combinam premissas teóricas com a criatividade e a espontaneidade do terapeuta. Para esses impasses, apresento as minhas preferidas:

Metáfora 12: Padre, quem tem razão? (folclore popular)

Estava o padre na igreja, com o coroinha a seu lado, quando chega um homem ansioso e diz ao padre que precisa conversar com ele. Conta ao padre suas dificuldades com sua esposa, as coisas absurdas que ela está fazendo, como ela é responsável pelo sofrimento dele e pergunta: "Padre, eu tenho ou não tenho razão?". O padre responde: "Sim meu filho, você tem razão". Em seguida, a esposa chega e conta a sua versão, tão diferente da do marido, e pergunta: "Padre, eu tenho ou não tenho razão?". O padre reflete um pouco e responde: "Sim, minha filha, você tem razão". Quando ela se retira, o coroinha perplexo, tentando compreender, pergunta: "Mas, padre, primeiro o senhor falou que o marido tinha razão; agora disse que a esposa tem razão. Me desculpe, padre, mas isso não faz sentido!" E o padre concorda: "Meu filho, você também tem razão".

Metáfora 13: Disputa dos órgãos do corpo (folclore popular)

Estavam o coração e o pulmão envolvidos em uma discussão sobre qual deles seria o órgão mais importante para a vida humana e cada um se encontrava totalmente envaidecido e convencido de sua própria onipotência: "Claro que sou eu", dizia o coração. "Se eu parar de bater, acaba a vida!". "É...", rebatia o pulmão, "mas de que adiantaria você bater e levar o sangue para todo o corpo se eu não o houvesse oxigenado, por meio do meu trabalho? Eu é que sou mais importante!". Nesse momento entra o cérebro na discussão: "Parem vocês dois com esta discussão sem sentido! É óbvio que o mais importante sou eu! Sou eu que determino a atividade de vocês. Vocês dependem de mim e, se eu parar, acaba a vida." Então, ouve-se uma voz tímida vindo lá de baixo: "Sou eu, eu é que sou o mais importante!". "Quem, quem está ousando entrar nesta discussão com os três órgãos mais nobres do corpo humano?". Quando coração, pulmão e cérebro viram, era o ânus. Os três começaram a rir. "Você?". O ânus ficou muito magoado, muito chateado mesmo. Fechou a cara, trancou. Trancou um dia, dois dias, três dias. Só abriu quando a comitiva dos grandes reconheceu que estavam intoxicados e que ele era igualmente importante.

Essas são duas metáforas com origem em piadas do folclore popular e bastante úteis no início do processo terapêutico. Costumam alterar o clima da terapia e quebrar o discurso de julgamento ou de competição dos clientes, possibilitando um diálogo mais efetivo, que abre para novas alternativas de relação.

Geralmente, os cônjuges costumam buscar terapia quando estão em crise, quando soluções já tentadas não resolveram ou as buscas anteriores agravaram o problema. São recorrentes os sentimentos de fracasso, com mágoa e ressentimento acumulados e acusações mútuas, sendo frequente que a demanda de terapia parta de um dos membros, com o outro vindo de alguma forma mais resistente. O momento inicial da terapia é crucial, pois dele depende a adesão do casal ao processo. O terapeuta tem à sua frente duas pessoas, com visões distintas de sua problemática, com diferentes expectativas do processo terapêutico e com diferentes níveis de confiança no terapeuta, na terapia e no vínculo conjugal.

São muitas as demandas e as armadilhas do casal que resultam em impasses no processo terapêutico em suas diferentes fases: a ansiedade por resultados imediatos, a descrença ou desesperança na possibilidade da melhora desejada, o risco iminente de desintegração do vínculo conjugal ou o uso manipulativo do processo em busca de alianças com o terapeuta. A própria dinâmica do casal, seus padrões e impasses, põem em risco a continuidade da terapia, ou o seu abandono precoce por um dos cônjuges. A efetividade da terapia exige a capacitação do terapeuta para manejá-las.

Quase sempre um dos membros responsabiliza o outro pelo sofrimento do casal, demandando mudanças em seu parceiro e tendo dificuldade para perceber a sua própria participação no processo que o faz sofrer. O casal pode vir em busca de terapia em diversas etapas do seu ciclo vital, onde o próprio desenvolvimento e sua relação ou dos membros da família, implica em necessidade de desenvolver novas aprendizagens, para as quais não se encontra preparado. Pode vir, quando enfrenta uma crise frente a algo inesperado, como a quebra de confiança a partir da traição de um de seus membros, ou frente a uma crise de cuidados, quando ocorre uma doença grave ou preocupação na família. Pode, também, trazer uma problemática recorrente, para a qual não encontra consenso no caminho a seguir ou com tentativas de solução que agravam o problema. As problemáticas recorrentes, algumas com início em gerações anteriores, são as mais difíceis de ser abordadas, pois quanto mais antigas, maior a rigidez nos padrões de comportamento, podendo acarretar distorções a respeito do processo terapêutico, tanto no sentido de descrenças, quanto no sentido de percepção desse processo como última chance: a "salvação do casamento". Ambas as situações requerem cuidados e sensibilidade do terapeuta. Facilmente, o casal entra em um processo comunicacional de escaladas simétricas de acusações onde o padrão de defesa de um repercute como ataque ao outro, ciclo descrito por Scheinkman e Fishbane (2004) como círculo de vulnerabilidades do casal.

Esses relacionamentos são complexos, englobam níveis diferentes e podemos vê-los sob muitas lentes. Curiosamente, o casal procura solucionar seus problemas com a mesma ótica com que os criou. Nesses casos, faz-se necessária uma mudança de premissas, uma mudança de segunda ordem, como já vimos em Watzlawick, Weakland e Fisch (1977). Geralmente, os parceiros se apegam à ideia de uma verdade única, onde reconhecer a ótica do outro significa renunciar à sua. Facilmente, se instala uma disputa de poder que os distancia da qualidade de vida que procuram e que, geralmente, agrava o problema pelo qual buscam a terapia. Nesses momentos de impasse, o uso de metáforas tem se mostrado bastante útil. O terapeuta pode usar um tema metafórico permeando o processo terapêutico como um todo, ou se utilizar de distintos recursos metafóricos que se conjugam entre si e com outros do repertório do terapeuta e do cliente.

4.1 ALGUMAS PALAVRAS SOBRE A URGÊNCIA DA MUDANÇA

Quando a tensão tem como foco a urgência da mudança, percebi que muitas vezes eu entrava numa armadilha e queria mostrar serviço, rapidamente, sem entender o processo ou alterar a ótica pela qual o problema do cliente se desenvolveu.

Nesses casos, o terapeuta pode, gentilmente, tentar explicar que o processo terapêutico pode demorar e que, às vezes, o problema piora para poder, depois, melhorar. E o terapeuta pode, também, introduzir a imagem do braço quebrado que segue:

Metáfora 14: Gesso e fisioterapia

> Se você chegar ao consultório com o braço quebrado e disser: "Doutor, tenho um campeonato de tênis amanhã e preciso estar com meu braço bom", o médico dirá: "Preciso fazer um raio X para ver se você não fraturou o braço". Constatada a fratura, o médico dirá: "Temos que engessar". "Mas, doutor, eu vim aqui para o senhor devolver o movimento do meu braço e o senhor quer me imobilizar?" O que você acharia do médico se, para agradar você, ele não colocasse o gesso? Como você iria jogar tênis no dia seguinte? "E não é só isso: você vai ficar com o gesso por 30 dias e depois fazer fisioterapia".

Costumo apresentar essa metáfora, quando o cliente vem desesperado com o problema e tem pressa de mudança e solução. O terapeuta iniciante, com seu *furor curandis*, tenta realizar essa missão impossível.

A ansiedade por resultados imediatos, a descrença ou a desesperança, o clima de tensão, a busca de um culpado e a própria dinâmica do casal trazem impasses para a terapia e exigem habilidade técnica e manejo relacional para que o processo terapêutico não seja precocemente interrompido. Neste sentido, a fase inicial da terapia é muito importante.

A terapia de casal implica nas complexidades e cuidados da terapia individual, potencializados pelo processo relacional de seus participantes.

Os terapeutas de família e de casal procuram ajudar, como sabemos, as pessoas a ter maior qualidade em suas relações primárias de apego entre os cônjuges e entre pais e filhos, sendo procurados pelos clientes, quando eles sentem que feridas e mágoas importantes as colocam em risco.

A colocação frequente de que a terapia de casal é a última chance e que, se não der certo, os cônjuges vão se separar, coloca pressão sobre o processo terapêutico e implica que a preservação do casamento é condição para a terapia ser considerada bem-sucedida, o que nem sempre acontece. Em algumas situações podemos introduzir a ideia da "separação como escada de emergência".

Metáfora 15: Escada de emergência

> "Ninguém constrói um prédio para ele pegar fogo, assim como ninguém casa para se separar, mas nas construções há saídas de emergência, escada e extintor de incêndio. Vamos tentar evitar o incêndio, mas se o casamento está pegando fogo, é melhor utilizar a escada de incêndio".

Vale lembrar o eco da metáfora da separação como escada de incêndio sobre uma cliente que, irritada, disse: "Já que a terapia não garante a manutenção do casamento e existe risco de separação, para que continuar a terapia? Para que se desgastar, investir esforço, tempo e dinheiro? Melhor se separar de uma vez!"

Eu observei e registrei esse comentário. Em um momento que me pareceu indicado, coloquei algo assim:

Metáfora 16: Obstetra e aborto

> "O que você diria de seu marido que é obstetra, se chegasse uma gestante com risco de aborto e ele dissesse: Já que tem risco de aborto, para que fazer repouso e sacrifícios? Vamos abortar já!"

Percebi o impacto dessa colocação sobre a cliente, evidenciando sua aceitação de prosseguir a terapia, apesar do risco de separação. Foi um processo terapêutico difícil, mas com resultados gratificantes para o casal.

A complexidade é grande e, frente a tantos desafios, cada terapia de casal bem sucedida é fonte de realização profissional. De acordo com Gottman e Silver (2014), apenas 31% dos problemas dos casais são solucionáveis. Dos 69% restantes, alguns são passíveis de aceitação e convivência. Outros podem ser atenuados, percebidos ou interpretados de forma diferente. Alguns podem levar à ruptura da relação.

É de fundamental importância a detecção das premissas e das crenças dos clientes que os impedem de ter novas óticas sobre seus problemas. Vale lembrar, também, que o terapeuta deveria ter consciência das suas premissas a respeito do caso em que se encontra envolvido e das conexões e justaposições entre a sua ótica e hipóteses e a percepção da realidade pelo cliente.

4.2 ALGUMAS PALAVRAS SOBRE O PRÉ-CONTRATO

A terapia de casal é um processo que passa por várias etapas. Não é da abrangência deste livro aprofundar o processo da terapia em suas diversas fases. No entanto, abordarei brevemente a forma como uso o pré-contrato, pois percebo que, frequentemente, o terapeuta recebe o casal diretamente para terapia, expondo-se às vulnerabilidades e favorecendo o abandono precoce do processo.

O pré-contrato é a fase do acolhimento, *do terapeuta como anfitrião* (MINUCHIN, 1981), do conhecimento da queixa e do contexto do casal, de suas expectativas e da avaliação dos pré-requisitos para uma terapia de casal. Geralmente, esta fase inclui uma sessão do casal, uma sessão individual com cada um dos cônjuges, seguida de sessão de devolutiva e planejamento com o casal. Esta sequência e número de sessões podem sofrer alterações de acordo com as especificidades de cada caso.

Essa fase tem como objetivo não apenas acolher o casal, fazer o vínculo, entender a sua busca, o seu contexto e as suas expectativas, como também desenvolver a pertinência (expectativas dentro da abrangência do processo de terapia de casal) e a pertenência (desenvolvimento de vínculo, de confiança e de corresponsabilidade sobre o processo). Outrossim, essa fase serve para esclarecer os pré-requisitos básicos para o início de uma terapia de casal, antecipar possíveis dificuldades e fazer o contrato ético. O pré-contrato inclui o sigilo ético e a possibilidade de o terapeuta ouvir cada um dos cônjuges, individualmente, utilizando as informações individuais para a leitura e o entendimento das dificuldades vividas e mantendo a privacidade das informações, quando solicitado. Para tanto, proponho um contrato ético diferenciado neste sentido. Assim, se na sessão individual, um cônjuge aborda conteúdo, que considera privativo, deve avisar ao terapeuta para que este mantenha reserva sobre ele, de forma a proteger o terapeuta dos eventuais segredos dos cônjuges, pois o segredo é do cliente e não do terapeuta. O pré-contrato inclui também a não expectativa de mudança no primeiro momento: é o momento de "olhar o mapa": de ver onde estamos, de onde viemos, como chegamos aqui, para onde queremos ir, que recursos temos e quais estamos dispostos a utilizar. Parece, então, útil um exemplo:

Metáfora 17: Mapa

"Quem está perdido usa o mapa."

É bastante comum o cliente dizer que se sente perdido, frente à questão que o traz para a terapia e embute a expectativa que o terapeuta lhe indique o caminho e lhe alivie, rapidamente, a ansiedade. Muitas vezes, pergunto: "O que fazemos quando estamos perdidos? Antigamente, olhávamos o mapa, víamos de onde viemos, para onde queremos ir, onde nos encontramos, e quais os caminhos que existem. Hoje, consultamos *Google Maps* ou *Waze* e, rapidamente, seguindo as instruções, chegamos ao endereço desejado. Infelizmente, não temos *Google Maps* para questões relacionais ou afetivas, tendo de recorrer ao método antigo e, eventualmente, não temos nem o endereço do local onde queremos chegar".

Como você chegou aqui? O que será que aconteceu que você saiu de casa com destino ao Rio de Janeiro e, quando se deu conta, chegou ao Rio Grande do Sul? O que será que passou entre a sua intenção em termos de educação de seus filhos ou em relação à qualidade de seu vínculo conjugal que você chegou a resultados tão diferentes ou até mesmo opostos ao seu desejo? Concluindo: se você se sente perdido, é necessário parar e estudar o mapa, para só então, com calma, escolher o caminho a seguir.

Na sessão individual com cada um dos membros, procura-se conhecer um pouco da história familiar e pessoal e a ótica de cada um sobre o conflito. A atenção é direcionada para a responsabilidade pessoal e não para a culpa no desenvolvimento da problemática. A atenção também é direcionada para a disponibilidade de se incluir no processo de mudança e não esperar apenas a mudança do cônjuge.

"Em vez de apontar o dedo para o outro, aponte-o para si próprio". Este é um pré-requisito essencial para o prosseguimento da terapia de casal. Quando o cliente insiste que apenas reage ao problema do outro e se o outro mudasse, tudo estaria resolvido, mesmo assim avaliamos a sua disponibilidade de efetuar mudanças em si próprio para favorecer a mudança do outro. O terapeuta procura avaliar a ocorrência de crenças facilitadoras ou impeditivas ao processo terapêutico e a maneira como as questões do casal se conectam com as questões da família de origem de cada um.

Na sessão de devolutiva, após as primeiras sessões, o terapeuta complementa as informações necessárias para a compreensão preliminar da dinâmica do casal, expõe suas hipóteses iniciais e procura avaliar, em cooperação com os clientes, a possibilidade do início do processo terapêutico e seus objetivos, sempre que houver pertinência e pertenência.

Embora durante esta fase não ocorra o compromisso com a mudança, o terapeuta já deve estar atento a todos os canais comunicacionais e comportamentais dos clientes e deve tentar entender a ótica deles, utilizando-se de perguntas que favoreçam novas percepções e a ampliação das perspectivas percebidas como limitantes, ou a inclusão de novos olhares. Neste sentido, o modo de fazer perguntas, a curiosidade e a criatividade do terapeuta já começam a se colocar e a fazer a diferença. Não se trata de um processo estático, mas de uma percepção do problema que inclui a participação ativa do terapeuta, guiado por suas hipóteses sobre a formação do problema e as suas perspectivas de resolução.

Partindo da premissa que tendemos a perceber a realidade que confirma nossas crenças, o terapeuta procura entender e expandir a percepção do problema pelo cliente, sendo frequente, nesta fase, a verbalização: "Nossa, nunca havia olhado sob esse ângulo!".

Além das informações verbais, o terapeuta observa o padrão de interação, as emoções expressas e represadas, frases e silêncios, palavras e expressões interessantes, que podem vir a ser utilizadas na construção de metáforas futuras, ou mesmo nesta fase da terapia, desde que já estabelecido o vínculo.

Muitas vezes, o cliente diz: "Procuro uma luz, uma direção".

Metáfora 18: Dimmer e luz

Com bastante frequência o cliente expressa que se encontra no escuro e busca uma luz. Usando a palavra concreta dele podemos incluir a ideia de que isto será feito gradualmente:

> "Sim, vamos procurar uma luz", responde o terapeuta, "mas para poder enxergar, primeiramente, vamos encontrar o fósforo para podermos encontrar a chave de luz e ter o cuidado de iluminar, lentamente, com o auxílio de um *dimmer*. Pois, se está muito escuro e acendermos a luz forte, o que vai acontecer?"
>
> "Eu vou fechar os olhos", responde ao cliente. "Talvez eu já tenha feito isso antes... talvez por isso senti tanta raiva e fugi da terapia anterior".

No processo de elaboração da metáfora, o terapeuta registra pequenos comentários, como cobranças sobre o atraso à sessão, discussão sobre quem vai pagar a terapia, quem serve o cafezinho para quem, quem senta onde, momentos de emoção, palavras, expressões e episódios concretos relatados, que podem vir a ser utilizados estrategicamente no processo terapêutico.

É interessante introduzir a experiência metafórica, dizendo ao cliente que uma fala dele chamou a atenção do terapeuta e que evocou uma imagem, lembrança, experiência ou história que o terapeuta gostaria de compartilhar. Ou em sessões seguintes, o terapeuta poderia retomar algo dito anteriormente, mobilizando, assim, a atenção e a curiosidade do cliente para a metáfora a ser inserida.

Capítulo 5

TEMAS RECORRENTES E IMPASSES NA TERAPIA DE CASAL

"É fácil julgar sem compreender.
É difícil compreender sem julgar."

(RONALDO WROBEL)

Os casais podem ser muito criativos, em seus múltiplos arranjos para um vínculo saudável e fundamental para o enriquecimento da qualidade de vida de seus membros. Eles também podem surpreender com uma complexa elaboração de problemas e conflitos que se retroalimentam.

Por outro lado, ao buscar terapia, eles podem ser limitados e pobres nas tentativas de solução, insistindo em teclas e em padrões nos quais ficam aprisionados e, como já vimos no capítulo anterior, além de manter o problema, podem agravá-lo. Na prática e na terapia, as questões envolvem eixos múltiplos que se sobrepõem em complexas redes e emaranhados com componentes cognitivos, emocionais e comportamentais.

É muito difícil classificar esses conflitos em categorias, dadas as superposições e a presença de temáticas variadas em um mesmo caso. Para fins didáticos, podemos ensaiar os seguintes temas para os impasses, em torno dos quais muitos dos conflitos giram:

5.1 SOBRE CRENÇAS, O CERTO, O ERRADO, A VERDADE ÚNICA, A RAZÃO E A EMOÇÃO

Como, geralmente, tendemos a perceber a realidade que confirma as nossas crenças, passamos a acreditar que estas são verdadeiras mesmo que sejam questionáveis ou equivocadas.

Ficar atento às crenças do cliente, do casal, ou da família é tarefa essencial do terapeuta, desde o contato inicial com o cliente e no decorrer de todo o processo terapêutico. Interessante em especial, prestar atenção no trabalho com o casal às crenças relacionadas ao conceito de casal esperado ou idealizado. As crenças podem ser individuais ou compartilhadas, contingenciais a um momento de vida ou do ciclo vital específico, intergeracionais, flexíveis e adaptativas, ou rígidas e restritivas. Em geral, na base de conflitos, podemos encontrar crenças rígidas, conectadas a valores essenciais, alguns intergeracionais, conscientes e conhecidos, ou desconhecidos e pouco percebidos pelo cliente.

Sentimentos de mágoa e traição podem surgir se tentarmos alterar estas crenças sem avaliar sua conexão com seus valores e sem o consentimento do cliente.

Podemos levantar hipóteses sobre as crenças por meio das queixas do cliente, suas dores, seus sonhos, seus fracassos, suas frustrações, seus problemas e suas tentativas de solução. Podemos encontrar padrões que se repetem na sequência interacional das narrativas de sua história de vida. Pelo estudo do genograma, podemos chegar às lealdades, delegações e leis invisíveis que nos remetem às crenças e valores da família.

Pequenos gestos ou comportamentos que passam despercebidos podem ser úteis para trazermos a atenção e a reflexão sobre crenças do cliente que podem estar associadas ao tema da terapia. Por exemplo: um cliente toma um cafezinho no consultório e vai lavar sua xícara; outro se atrasa na sessão e não avisa, nem se desculpa; outro ainda chega adiantado e se desculpa por atrapalhar. O casal discute na hora de pagar para definir quem vai pagar a terapia. O marido chega pontualmente na sessão, a esposa se atrasa e reclama de encontrá-lo de mau humor. Assim, o terapeuta pode fazer uso, de forma lúdica, dessas informações, para levantar hipóteses sobre diferentes crenças a serem compartilhadas e avaliadas (avaliadas no sentido de perceber seu impacto e conexão com as questões em foco). Avaliadas, e não julgadas.

Não existem crenças certas ou erradas e os valores pessoais e familiares precisam ser tratados com respeito e com isenção de julgamento pelo terapeuta. Muitas crenças são flexíveis, se adaptam e se transformam para incluir novas aprendizagens e permitir o desenvolvimento da família, do casal e de seus membros.

Quando as crenças ficam rígidas ou se tornam anacrônicas, elas passam a ser entendidas como disfuncionais. Crenças rígidas e limitadoras, frequentemente, são percebidas como verdades únicas, como incontroláveis e, geralmente, são incompreensíveis para o observador externo.

Se a minha percepção da realidade for considerada a única verdadeira, toda percepção diferente ameaça a minha concepção de mundo, ótica essa que favorece infindáveis disputas de poder. Os diálogos deixam de ser trocas de ideias para se transformarem em *duelos*, onde somente uma ideia será a *vencedora*.

A mudança terapêutica se refere a um processo que envolve a tomada de consciência, revisão ou flexibilização de crenças muitas vezes automáticas e irracionais. O leitor pode aprofundar esse tema através dos estudos da terapia cognitiva ou outras que trabalham com mitos, ritos, arquétipos e processos intergeracionais.

Acredito que para a efetividade do processo terapêutico, precisamos encontrar uma forma de flexibilizar as crenças de um modo aceitável para o cliente, sobrepondo às suas crenças delimitadoras, percepções que, embora apresentem alguma semelhança com as crenças iniciais, oferecem elementos novos que expandem alternativas. Quando terapeuta e cliente conseguem detectar crenças restritivas e elaborar juntos novas crenças comuns, ocorre o fortalecimento do vínculo e da confiança que permite sair do padrão conhecido e seguir adiante, em rumo definido pelo cliente ou pelo terapeuta.

A constatação de uma realidade que decorre de crenças que desconhecemos ou que contrariam nossa visão de mundo é muito impactante, como a das crianças oferecidas aos deuses incas.

Metáfora 19: Ritual inca de sacrifício de crianças

Em 1999, no alto do Monte Llullaico, a 6.739 metros de altitude, na fronteira entre a Argentina e o Chile, foram descobertas as múmias de três crianças que viveram em território Inca, há cinco séculos. Foram encontradas no gelo, com seus corpos altamente preservados. Ao seu lado foram encontrados cerca de 160 objetos utilizados pelos povos da época. As múmias passaram a ser expostas no Museu de Arqueologia de Alta Montanha (Maam) a partir de 2007, na cidade de Salta, na Argentina. O museu foi construído especialmente para abrigá-las em condições climáticas semelhantes às que se encontravam no alto da montanha. As crianças descendentes de linhagem real entre os incas, foram escolhidas a dedo entre as mais belas e saudáveis, como presentes perfeitos para os deuses. Elas foram entregues por seus pais, para se juntarem aos seres sagrados da mitologia inca. Celebradas com festas e presentes, após uma jornada a pé de centenas de quilômetros, beberam chicha, uma bebida alcoólica feita de milho, até adormecerem, quando foram enterradas vivas em túmulos na neve. O ritual, conhecido como Capacocha, não era visto pelos incas como sacrifício ou morte. Eles acreditavam que as jovens almas se juntavam aos deuses e se tornavam protetoras de suas comunidades, abençoando-as com saúde e prosperidade. Essa era também uma forma de reforçar os laços de lugarejos distantes com a capital inca em Cuzco, no Peru, mantendo assim a força e a unidade do império. Esse fato verídico da história, além de representar as crenças que só fazem sentido para quem está fortemente envolvido no contexto, pode remeter ao fato de que às vezes sacrificamos o que temos de mais precioso em busca de algo idealizado e inatingível (Fonte: turismo da autora).

Nas aulas de história, quando eu era jovem, o conhecimento sobre o ritual inca de sacrifício de crianças fora impactante, mas encontrava-se adormecido, entre tantos outros.

No entanto, a minha experiência de ver aqueles corpos infantis preservados no museu, em Salta, foi emocionante e assustadora. Ver e experienciar é diferente de apenas saber. É impactante perceber e sentir o resultado de crenças tão diferentes das nossas, quando surgem emoções e questionamentos antagônicos à lógica e à razão. A razão compreende outra realidade, mas a emoção demora para se dissipar.

De acordo com Harari (2015) lendas, mitos, deuses e religiões apareceram pela primeira vez com a revolução cognitiva. Ele se refere à revolução cognitiva que ocorreu entre 70 mil e 30 mil anos atrás, com o surgimento de novas formas de pensar e de se comunicar. De acordo com esse autor, a teoria mais aceita afirma que mutações genéticas acidentais mudaram as conexões internas do cérebro do Sapiens, possibilitando que pensasse de uma maneira sem precedentes e se comunicasse, usando um tipo de linguagem incrivelmente versátil e totalmente nova, podendo assim consumir e armazenar uma quantidade extraordinária de informação sobre o mundo à sua volta. No entanto, segundo o autor, a característica mais notável e verdadeiramente única do homem entre todas as espécies não é a sua capacidade de transmitir informações sobre o que existe, mas a de transmitir informações sobre coisas que não existem. Assim, essa capacidade de falar sobre ficções é a característica mais singular do ser humano. Exemplificando: seria impossível você convencer um macaco a lhe dar uma banana, hoje, em troca da promessa de um cacho de bananas amanhã.

A ficção, no entanto, não apenas nos permitiu imaginar coisas, como também fazer isso coletivamente. Podemos tecer mitos partilhados, dando ao Sapiens a capacidade de cooperar de maneiras extremamente únicas com um número incontável de estranhos.

Segundo Harari, toda cooperação humana em grande escala, seja um estado moderno, uma igreja medieval, uma tribo arcaica ou uma cidade antiga, se baseia em mitos partilhados que só existem na imaginação coletiva das pessoas. Com o passar dos anos, as pessoas teceram uma rede incrivelmente complexa de histórias, conhecidas como ficções, construtos sociais, realidades imaginárias, mitos ou crenças.

Uma realidade imaginária é algo em que uma determinada cultura acredita e, enquanto esta crença partilhada persiste, exerce influência no comportamento deste grupo social e, talvez, no mundo.

Uma vez que a cooperação humana em grande escala é baseada em mitos ou crenças, a maneira como as pessoas cooperam pode ser alterada modificando-se os mitos, contando-se histórias diferentes, igualmente ou mais verossímeis que as anteriores.

Em 1789, a população francesa, quase da noite para o dia, deixou de acreditar no mito do direito divino dos reis e passou a acreditar no mito da soberania do povo, o que ocasionou a Revolução Francesa, com a consequente proclamação da república. Mitos e crenças são importantes no desenvolvimento da cooperação e da cultura humana; são úteis e economizam energia em determinados momentos da história ou do ciclo vital. Entretanto, podem se tornar limitantes e prejudiciais quando cristalizados, descontextualizados e anacrônicos, onde a situação que os gerou não mais existe e as crenças permanecem enrijecidas, sem se submeterem ao teste da realidade. Como exemplo, podemos relembrar a metáfora do japonês escondido na selva.

Transportando os estudos de Harari para o nosso tema, considero que uma importante base para a mudança terapêutica implica em conscientização e alteração de crenças e valores limitadores ou equivocados do cliente, do casal ou da família.

De acordo com Pittman (1997), a terapia implica uma revisão e atualização do nosso manual de instruções para a vida. Dentro desta ótica, podemos perceber que muitos conflitos advêm da manutenção do uso da "cartilha do jardim da infância", quando já estamos na universidade (ver metáfora 2).

Para alterar crenças a fim de que favoreçam mudanças terapêuticas, praticamente, todas as metáforas relatadas no decorrer desta obra podem ser utilizadas, como também outras que se criam e recriam na conversação terapêutica, frequentemente, se sobrepondo e se reforçando umas às outras. Vale ressaltar que as metáforas não propõem crença alternativa mais verdadeira que a anterior. Apenas buscam questionar e abrir caminho para novas ideias, emoções e possibilidades. São úteis quando fazem sentido para o cliente e promovem uma transferência de uma linha de pensamento para outra, para uma nova ótica de compreensão, de percepção e de sentimento da realidade.

Nunca é demais repetir. Dentro da ética, do respeito pelo cliente, do *timing*, do clima e do contexto terapêutico, o terapeuta se inspira em todos os seus recursos teórico-técnicos e vivenciais para trazer à consciência e questionar, isomorficamente, crenças limitadoras da situação-problema, objetivando a flexibilização ou a substituição por novas ideias que podem abrir caminho para atitudes que antes não eram possíveis.

A seguir, apresento algumas de minhas metáforas favoritas relacionadas ao questionamento de crenças cristalizadas:

Metáfora 20: O duelo das verdades

> "Partindo da ideia de que só existe uma verdade, a minha verdade precisa derrubar a sua: é matar ou morrer. Discutimos sem fim, nos ferimos e nos machucamos com nossas línguas. Se eu concordar com você, estou morto; então eu preciso derrotar você".

Apresento, a seguir, recortes da fala de um casal, no qual qualquer diferença de ideia promove uma disputa e uma discussão sem fim.

"Não conseguimos conversar, pois se eu discordo dele, explode a bomba atômica, então eu me calo e espero o melhor momento para conversar, mas nunca encontro esse momento. Quando estamos bem, tenho medo de falar do que me incomoda, porque volta tudo e não quero estragar o bom momento. Ele se acha o dono da verdade, só ele sabe o que é certo, e o nosso relacionamento vai se tornando insuportável. Eu me encontro no meu limite, estou a ponto de explodir...".

"Se o nosso relacionamento está tão ruim, por que estamos juntos há quinze anos? Por que você não sabe conversar como um ser civilizado?"

"Mas como? Se você é controlador, me censura em tudo, me critica e nunca está satisfeito. Você espera que eu seja uma pessoa que eu não sou".

"Você é que espera que eu engula sapos sem fim. Sou humano, uma hora estouro. Você gasta sem limites, não respeita horários, veja, até na terapia chegamos atrasados, e isso porque eu precisei ficar em cima de você, pressionando você. Você fica com raiva de mim, mas como seria se eu não a pressionasse com o tempo? Que horas nossos filhos chegariam na escola? Será que um dia poderemos sair de casa sem estresse? Você não quer que eu interfira em seus gastos, mas quem tem que correr atrás para cobrir seus furos financeiros? O palhaço aqui, que você acusa de controlador. Eu não quero mais ser o seu relógio, nem o seu banco".

É difícil de quebrar este padrão relacional, você não acha? Podemos perceber, em alguns dos diálogos anteriores, o uso da linguagem figurada, o uso espontâneo de figuras metafóricas, um indicador que esse casal pode responder bem à comunicação metafórica do terapeuta, como o exemplo que segue:

Metáfora 21: A chuva e a goteira

"Não dá para consertar a goteira quando está chovendo e, quando não chove, não há goteira."

Busco o momento que sinto como adequado e peço licença. "Posso interromper por um momento? Eu me lembrei de uma história. Posso contar? Algo no diálogo de vocês me lembrou da história de um casal que se encontra em uma situação aparentemente sem saída. Precisava resolver o problema de uma goteira em sua casa. Quando chovia, o casal tinha de colocar baldes e panelas para proteger seus bens da água, mas não podia subir no telhado molhado e consertar a goteira. Seria perigoso, pois isso quebraria mais telhas e aumentaria o problema. E quando não estava chovendo, estava seco, não havia goteira e o problema não poderia ser solucionado. Isso faz algum sentido para vocês?". Após eu contar essa história, surgiram alguns sorrisos e houve uma quebra de clima. Algumas sessões depois, fui surpreendida com o seguinte comentário do marido:

"Nesta semana aconteceu uma coisa interessante. Quando percebi que íamos engatar em uma daquelas discussões desgastantes, que não levaria a nada, me veio a imagem da goteira. Eu parei e comentei: Agora está chovendo, só vamos quebrar mais telhas! Minha esposa riu". O marido acrescentou: "Acho que finalmente estamos conseguindo encontrar um momento em que não está chovendo para consertar nossa goteira. Quase não tem mais chovido em nosso tapete. Acho até que vamos comprar um tapete novo, pois o velho já está mofado".

Podemos perceber, neste exemplo, que a imagem metafórica persistiu na memória do cliente, permitindo maior conscientização do momento disparador do conflito, e alterando a sequência padrão de sentimento, pensamento e comportamento defensivo agressivo.

Este é um exemplo de externalização do problema, onde a metáfora coloca uma distância entre o observador e o problema, fato este que facilita a percepção de que há uma solução para um problema que, à primeira vista, não tem solução. A sobreposição da metáfora que apresenta uma solução para o problema do casal, aparentemente insolúvel, abriu para os dois uma nova perspectiva (mudança de segunda ordem). Pois a premissa de que só poderia consertar a goteira quando a mesma estivesse visível, o que impedia a solução do problema, foi substituída pela percepção, óbvia na metáfora porém não no problema original, de que haveria a possibilidade de consertar a goteira, mesmo quando não chovia Neste caso houve uma solução onde antes não havia nenhuma.

Essa metáfora abre espaço para o casal poder conversar sobre os conflitos de forma mais cooperativa e não como numa guerra, onde só um pode sobreviver e abordar sua maior dificuldade, com a crença de que existe uma única verdade.

Em outro momento da terapia, o marido disse algo assim: "Começo a perceber o que acontece conosco. Transformamos uma conversa, onde divergimos, em um duelo, uma luta, onde só um pode sobreviver. Aceitar que a minha esposa tem razão me torna vulnerável, implica em aceitar que eu estou errado... será que tem de ser assim? Parece que somos adversários em uma guerra onde só um pode sobreviver".

O casal começa a perceber sua enorme dificuldade em aceitar o argumento do outro, que é diferente do seu.

Esta fala me faz lembrar de uma história e indago se o casal gostaria de ouvi-la:

Metáfora 22: Contramão (folclore popular)

A esposa ouviu no rádio que havia um enorme engarrafamento em uma avenida que o seu marido costumava usar, porque havia um carro transitando na contramão. Resolveu ligar para ele para alertá-lo e para que ele evitasse essa via rápida. Ao que ele respondeu: "Tarde demais! Já estou aqui e está uma enorme confusão, pois não é só um carro que está na contramão. São todos!".

Uma cliente dizia que ficava muito frustrada, porque sabia que era competente e que precisava se valorizar, mas não se sentia assim.

Quando era criticada, ela se sentia acuada, tinha seus argumentos, mas temia estar errada e se calava. Não se posicionava e, consequentemente, isso a prejudicava tanto no trabalho quanto na família. "Sei disso cognitivamente; sei que não devia me sentir assim, mas isso não me ajuda. Minha emoção e cognição não caminham no mesmo ritmo. Sei a solução do meu problema, mas por mais que tente não consigo colocá-la em prática", ela disse.

Metáfora 23: O raio e o trovão

Podemos pensar nos tempos da razão e da emoção como em tempos do raio e do trovão. O raio e o trovão são manifestações de um mesmo fenômeno, mas a velocidade do som e a velocidade da luz são diferentes. Por isso, você primeiro vê o relâmpago para depois ouvir o trovão. Quanto mais você se aproxima do fenômeno, diminui o tempo entre o relâmpago e o trovão. Essa ideia pode nos auxiliar na questão de diferentes tempos do processamento da razão e da emoção, separando o sentimento do pensamento e diminuindo a sua reatividade emocional.

Metáfora 24: O oculista e o pintor

Segundo Frankl (1981), fundador da Logoterapia, o papel do logoterapeuta, em linguagem figurada, é antes o de um oculista do que o de um pintor. Enquanto o pintor procura nos transmitir uma imagem do mundo como ele o vê, o oculista procura capacitar-nos a enxergar o mundo como ele é na realidade. O papel do logoterapeuta consiste em ampliar o campo de visão do paciente de modo a favorecer a saída de aprisionamentos que o levam a comportamentos automáticos. O terapeuta tem esses dois papeis: apresentar imagens concretas para o cliente avaliar se concorda ou não com elas (pintor) e, a partir do questionamento delas, redirecionar seu próprio olhar (oculista).

Poder escolher entre várias possibilidades é a chave de muitos processos de terapia que evoluem bem, de forma a sair da dicotomia: "Ou só falo sim, ou só falo não; ou só agrado os demais, ou só olho para mim; ou sigo à risca as expectativas de meus pais, ou transgrido a tudo; ou obedeço, ou dou ordens". Cabem nestas situações as perguntas: "A quem escolho agradar nesta ocasião? O que vou priorizar neste momento? Quais as consequências de minhas escolhas?"

Vale enfatizar que não há crenças certas ou erradas, mas funcionais e disfuncionais, pois as crenças pessoais, existenciais, familiares e intergeracionais proporcionam coerência ao indivíduo e à vida familiar, favorecendo a conexão entre passado, presente e futuro.

Desde o primeiro contato com o cliente, procuro entender suas crenças, premissas, valores e o impacto delas na limitação ou expansão de seus recursos. Juntamente ao cliente, procuro oferecer alternativas para crenças limitadoras, sobrepondo novas óticas às crenças e premissas dele que possam estar enrijecidas, procurando gerar alternativas que façam a diferença.

Cito um caso agora para ilustrar o tema das crenças, com a inserção das metáforas do réu em tribunal sem defesa (metáfora 25) e a do lixo e o mendigo (metáfora 26).

"Estou desesperada, porque meu casamento está ruindo", Juliana relata de forma ansiosa e chorando. "Estamos na UTI, mas Túlio se recusou a vir, dizendo que eu que estou louca e que tinha que me tratar, pois para ele a culpa é toda minha. Não consigo mais conversar com ele e tudo que eu falo ele distorce contra mim. Ele diz que está mal, porque desde que nossa filha nasceu, eu só tenho olhos para ela, eu não o enxergo. E que não via o quanto ele estava sofrendo com o meu afastamento. Desde que eu emagreci, eu me tornei egocêntrica e vaidosa, segundo ele. Parece que ele ficou inseguro e nossa vida sexual, em vez de melhorar, piorou. Ele saiu de casa para pensar melhor. Eu acho que ele se envolveu com outra mulher, mas ele nega. Não sei o que ele espera de mim, acho que procura me atacar para justificar sua decisão de sair de casa. Sinto que não consigo ser uma boa mãe e nem uma boa esposa. Nosso casamento foi maravilhoso e, nos primeiros anos, era tudo que eu tinha sonhado que seria possível em minha vida. Ele era apaixonado e só existia eu para ele. Eu era obesa e ele me amou mesmo assim. Decidimos que antes de eu engravidar eu deveria fazer uma dieta e eu perdi 20 quilos".

Frente a minha surpresa, Juliana me mostra uma foto de como ela era antes. "Foi um período muito feliz de nossas vidas. Túlio, que se ressentia de não ter conseguido terminar a faculdade, voltou a estudar, se formou e está indo muito bem profissionalmente. Acho que ele se envolveu com outra mulher na faculdade, mas se falo isso ele se torna agressivo e ele insiste que meus erros justificam os erros dele. Penso, penso e não consigo entender como chegamos a esta situação , quando tudo parecia que estava indo tão bem. Ele me cobra olhar para ele e acolher a dor dele. Disse que cansou de ser bonzinho para ser aceito e foi se tornando ríspido e grosso. Ele sofreu muito na infância, pois o pai dele era muito agressivo e Túlio apanhou muito. O pai dele traía muito a mãe dele. Como ele é filho único, a mãe se apoiou muito nele e falava muito mal do pai dele. Tudo o que ele queria, mas que nunca conseguiu, era agradar o pai e ser validado por ele. Finalmente, ao se tornar médico, o pai ficou orgulhoso dele."

"Quanto a mim, minha história também é difícil", prosseguiu Juliana. "Minha mãe se casou grávida de mim e, a princípio, meu pai propôs o aborto". Juliana chora. "Acabaram se casando. Minha mãe tinha só 17 anos e teve depressão pós-parto. Depois de meu nascimento eles se separaram e sempre senti que ela me culpava por sua infelicidade".

Seguimos na terapia individual no sentido de Juliana recuperar a confiança perdida para que decidisse se gostaria de tentar resgatar seu casamento ou ter recursos para enfrentar a separação de forma saudável. Tinha medo de repetir a história de sua mãe. Preocupava-se com o bem-estar da filha nessa crise e em preservar o sistema parental, independentemente do vínculo conjugal.

"Quando me senti amada por Túlio, eu me senti com valor e me senti tão bem! Eu me senti tão bonita e atraente quando emagreci: tinha até sido promovida no meu trabalho. Eu sempre tive dificuldade de valorizar o meu lado positivo, eu me menosprezava e eu me sentia suja como se eu não merecesse ser amada". Algo em sua fala e em sua atitude me fez levantar a hipótese de que ela poderia ter sido vítima de abuso sexual. Na sessão onde ela dizia se sentir "suja" e que, talvez, Túlio tivesse razão de que ela não merecia o amor de um homem tão bom, percebi que o vínculo estabelecido entre nós já me permitia fazer a pergunta que guardava comigo há algum tempo: se ela em algum momento da vida, havia sido vítima de abuso sexual. Ela parou, me olhou surpresa, e começou a chorar muito, até que conseguiu falar. Eu a confortei e disse que não precisava falar se fosse dolorido demais. Mas ela prosseguiu entre lágrimas: "Não sei como você descobriu, pois eu jurei que ia esquecer aquilo. Queria pensar que aquilo nunca tivesse acontecido comigo. Eu tinha 16 anos e fui com uma prima em uma festa onde tinha muita bebida. Eu nunca tinha bebido e resolvi que queria experimentar a sensação de estar bêbada. Achei que iria ser muito divertido. Bebi muito, todos estavam muito bêbados e acho que rolou droga também. Não sei o que aconteceu direito, pois acordei em um mato, com um cara em cima de mim. Esperneei, gritei e ele fugiu. Não sei quem era, mas me senti muito culpada com isso. Por sorte, eu tinha avisado minha mãe que iria dormir na casa de uma amiga e, depois, disse a ela que havia caído, me machucado e sujado o meu vestido. Nunca contei para ninguém. Minha mãe me culparia, pois eu lhe havia desobedecido. Ela sempre me orientou em relação à bebida e perderia a confiança em mim".

Juliana pareceu aliviada por ter podido falar a respeito e sentir a sua dor acolhida. Na sessão seguinte eu disse a ela que havia pensado muito nela e como deveria ter sido triste para ela ter se sentido culpada por todos aqueles anos: julgada "em um tribunal onde só havia promotores e nenhum advogado de defesa". Quando percebi que fez sentido para ela, perguntei se considerava justa a pena recebida de prisão perpétua, ou se já havia sofrido o suficiente e poderia ser perdoada.

Metáfora 25: Réu em tribunal sem defesa

> "Não me parece justo você se submeter a um tribunal com tantos advogados na acusação e nenhum na defesa. Qual o crime que você cometeu? Como foi o tribunal que a julgou? Quando? Quem estava presente? Qual a pena que você cumpre? A prisão é perpétua? O que diria um advogado de defesa nesta situação? Quem poderia defendê-la?"

Para minha surpresa, encontrei metáfora semelhante no romance *Uma noite Markovitch*:

> "Você perguntou como posso julgá-lo. Acredite em mim, Feinberg, é melhor eu julgá-lo do que você se julgar. Pois foi isso

que fez, não é? Foi o promotor e o juiz, e não houve advogado de defesa. Prendeu a si mesmo, fustigou a si mesmo, desterrou a si mesmo. Não vim aqui para julgar. Vim aqui para libertar você. Não sei o que você fez, mas nada é tão terrível assim" (Gundar--Goshen, 2012, p. 278).

Outra surpresa foi me deparar com o trabalho de Oliveira, em *Terapia cognitiva processual* (2015), inspirado pelo livro *O processo*, de Franz Kafka. Oliveira desenvolve um protocolo de terapia baseado nos diferentes papeis que um indivíduo pode ocupar em um processo.

Voltando ao caso de Juliana: quando falei que talvez ela tivesse se julgado em um tribunal próprio e sem defesa, ela respondeu algo assim: "Acho que chega de sofrer por isto e que já fui castigada o bastante. Não quero mais viver com medo de desagradar ao Túlio, com medo de perdê-lo e com medo da reação dele. Mesmo tentando agradá-lo, ele continua me ameaçando de sair de casa, novamente. Mas ainda gostaria de entender como chegamos a esta situação". Eu lhe disse que tinha uma hipótese e que gostaria de contar-lhe uma história que eu havia construído ao longo do tempo, a partir da observação de um padrão que, infelizmente, se repete com frequência na relação do casal. Ela se interessou e, em seguida, contei-lhe a história abaixo, adaptando as palavras à sua realidade:

Metáfora 26: O lixo e o mendigo

O lixo que não era lixo, mas não sabia, estava à beira da calçada, quando avistou um mendigo, que não era mendigo, mas não sabia. O lixo pensou: "Que sorte a minha: um mendigo! Se não fosse um mendigo, não haveria de me querer". O mendigo, por sua vez, quando viu o lixo, pensou: "Que sorte a minha: um lixo! Pois se não fosse lixo, alguém já teria levado e não estaria aqui à minha espera".

Por algum tempo, o lixo e o mendigo ficaram juntos, bem confortáveis um com o outro. Um dia, o lixo descobriu o seu valor e, feliz, foi compartilhar com o mendigo. O mendigo ficou assustado e rapidamente disse: "Que valor, que nada"! E reafirmou ao lixo que ele era lixo. E pensou: "Se ele deixar de ser lixo, não haverá mais de me querer".

Tempos depois, o mendigo ficou feliz ao descobrir que tinha valor. Correu para contar para o lixo, que disse: "Se eu continuo lixo, você não pode deixar de ser mendigo". Assim, para continuarem juntos, o lixo que não era lixo continuou lixo e o mendigo que não era mendigo continuou mendigo.

Juliana ficou pensativa e disse: "Nossa! Que história mais triste! Parece escrita para nós, nunca havia visto por este ângulo, mas faz muito sentido. Eu não quero viver assim e ficar lixo para ficar com ele".

Outro cliente, ao ouvir essa história, reagiu assim: "É exatamente isso que acontece entre minha esposa e eu. Percebo o quanto ela se sente insegura se me percebe mais seguro. Se eu estou mais confiante, ela parece ter medo de me perder e tenta me pôr para baixo".

No decorrer do processo, Juliana ia relatando, quando se percebia lixo e quando Túlio a tratava como lixo. Quando ela saía deste papel e o valorizava, parava de tratar Túlio como mendigo. A metáfora auxiliava-a no aumento da percepção das situações disparadoras e do aprisionamento de ambos aos papéis de Lixo e Mendigo. Já conseguia reconhecer o valor de ambos e já sabia que não eram nem lixo, nem mendigo.

Alguns meses decorreram e Juliana já começava a se sentir mais segura, mais assertiva e não mais se abatia tanto com as tentativas de Túlio de abalar a sua autoestima. Túlio havia voltado para casa, nas palavras dele, pela filha e não pela esposa. Ele aguardava que ela o valorizasse como antes para ver se seria possível salvar o casamento. "Afinal, se eu o perder, ele também me perderá", disse Juliana.

Finalmente, Túlio assumiu que havia tido um relacionamento extraconjugal, o que foi ao mesmo tempo dolorido, mas um alívio para Juliana. Ao ter suas suspeitas confirmadas, Juliana se livrou do sentimento de estar ficando louca. As negações dele a tinham levado a desacreditar e a duvidar de suas próprias percepções. Túlio pediu desculpas e disse que era ela que ele amava e queria salvar o casamento, mas continuou afirmando que a culpa tinha sido de Juliana, a qual havia se afastado dele. Como esse afastamento o havia deixado inseguro e carente, ele acabou se envolvendo com a outra mulher. Frente a essa nova crise, Túlio aceitou iniciar terapia de casal e Juliana perguntou se poderia ser comigo. Eu os encaminhei para uma colega para que ambos dessem início juntos a um novo processo terapêutico e a um novo rumo em suas vidas.

A metáfora *O lixo e o mendigo* é uma das minhas preferidas. É uma história de amor e de medo. Frente à baixa autoestima, ao vínculo inseguro e ao medo da perda, os cônjuges se defendem, desqualificando um ao outro, gerando um conflito crônico, onde, inadvertidamente, destroem aquele no qual buscam segurança. Este padrão disfuncional do casal pode aparecer sob forma das mais variadas queixas. A metáfora pode ser adaptada em casos de vínculos inseguros, de paradoxos do tipo duplo vínculo recíproco (ELKAIM, 1990), ou de círculos de vulnerabilidade (SHEINCKMAN; FISHBANE, 2004), já citados anteriormente.

Então, leitor, faço a você perguntas semelhantes às de Casula (2015): Você acha que é possível uma metáfora alterar a percepção, a interpretação e o peso de uma dor? A seu ver, qual o papel da metáfora na alteração de uma crença irracional tão automática que muitas vezes nem é percebida pelo cliente? Qual o papel da metáfora *O lixo e o mendigo* na evolução deste caso?

Concordo com Casula, quando ela diz que se trata de um método e também de um enigma. As metáforas estimulam a aparente mágica e misteriosa consciência de outras respostas, num exercício de criatividade. Expressam semelhança com algo que já existia, e criam algo que não existia antes.

Levantam dúvidas acerca de crenças arraigadas do paciente, expandindo perspectivas. Por meio de metáforas, o terapeuta pode enviar mensagens embasadas em uma fundamentação teórica acrescidas de sua percepção intuitiva desenvolvida na prática clínica, usando a técnica, mas sempre priorizando o vínculo terapêutico.

Metáforas fora da lógica do paciente, porém com pontos que tocam sua realidade, podem promover flexibilidade em vários níveis, estimulando o questionamento de ideias automáticas e emoções congeladas. Por meio de comparações inesperadas ou não usuais, possibilitam novas percepções que podem desestabilizar padrões habituais de comportamento, permitindo falar sobre o indizível.

5.2 SOBRE O TEMPO, A ESTABILIDADE E A MUDANÇA

A vida é um processo dinâmico e assim também o são os relacionamentos. Este tema engloba questões relacionadas não apenas ao tempo, à transição e à transformação nas etapas do ciclo vital ou do relacionamento do casal, como também aos ganhos e às perdas que a mudança ou a não mudança traz.

Costuma-se dizer, em tom de brincadeira, que as mulheres se casam para mudar os homens, mas eles não mudam; e os homens se casam para que as mulheres permaneçam iguais, mas elas mudam. Seguidamente, o que percebemos como realidade é apenas o recorte de um momento transitório, que congelamos em nossa experiência como definindo nossa realidade e nos frustramos, nos decepcionamos ou nos sentimos traídos quando esta realidade se altera.

Ansiedade e angústia podem estar na base de muitos conflitos, quando queremos manter o efêmero, assim como, quando tentamos manter, ou mantemos sem perceber, padrões antigos que não mais se aplicam. No entanto, a tentativa de alterar padrões antigos e, muitas vezes, transmitidos por gerações, também pode trazer angústia e culpa, ou perda do sentimento de identidade.

Estabilidade e mudança são duas dimensões essenciais para o nosso tornar-se pessoa. A estabilidade proporciona senso de continuidade, a matriz de identidade, os valores, os padrões interacionais. Por outro lado, as mudanças são necessárias no decorrer do desenvolvimento do ciclo vital, para adaptação às novas situações e para o desenvolvimento da diferenciação.

Da mesma forma que necessitamos encontrar equilíbrio entre o ser e o pertencer, o necessitamos entre estabilidade e mudança. Seguem algumas metáforas interessantes para ilustrar essa dimensão.

Metáfora 27: O homem da cidade e o homem do campo (inspirada em M. Erickson)

> "Você sabe qual é a diferença entre o homem do campo e o homem da cidade? Quando o homem da cidade quer comer tomates o que ele faz? Quanto tempo demora entre o desejo

> de comer tomates e ele ter tomates na sua mesa? O tempo que ele demora para comprar tomates no local mais próximo à sua residência. E quanto tempo demora para o homem do campo, entre o desejo de comer tomates e ter os tomates em sua mesa? O tempo necessário para obter sementes, cuidar da terra, esperar a estação certa para plantar, plantar, cuidar da plantação, esperar o crescimento dos tomates, o amadurecimento, e o momento certo de colhê-los e de saboreá-los".

A propósito de plantar a terapia, podemos afirmar que a terapia é como plantar uma semente. É necessário regar, cuidar e ter paciência para a semente brotar. Primeiro ela se desenvolve dentro da terra e você não a vê. O processo demora e, mais tarde, você pode observar a pequena planta que cresce. Se você desistir de cuidar, a planta não crescerá. É bom marcar o local onde você plantou para não pisar em cima. Quando a planta é muito novinha, basta uma pisada descuidada para matá-la.

Metáfora 28: O surpreendente pássaro de papo vermelho

Crédito: Sérgio Mazer

Em uma viagem às Ilhas Galápagos, aproximadamente a 1000 quilômetros do Equador, fantásticos pássaros, nunca antes vistos, voavam com um papo vermelho inflado como um balão de festa de criança, chamando a atenção de nós, turistas, que estávamos maravilhados com o show de beleza. O guia, que era um biólogo, explicou que aqueles pássaros buscavam fêmeas para acasalarem. Depois nos mostrou os mesmos pássaros após o acasalamento. Pareciam corvos murchos e sem graça.

Os pássaros estariam enganando as suas fêmeas? Você já viveu algo parecido a respeito de frustração e sentimento de traição e de ter sido enganado frente a mudanças não desejadas no cônjuge? Essa metáfora remete-nos a circunstâncias de vida, onde buscamos a missão impossível de eternizar uma expectativa, ou um bom momento vivido, ou a efemeridade de momentos mágicos.

Diva e Dario procuraram terapia quando seu casamento, pelo qual tanto lutaram e sonharam, parecia estar acabando. Só brigavam por bobagens e se magoavam por muito pouco. Diva chorava, silenciosamente, e quase não falou na primeira sessão. Dario estava defensivo e irritado. Não acreditava em terapia, mas veio, porque ela havia pedido e ele não queria repetir o erro de seu casamento anterior, ou seja, colocá-lo em risco e machucar sua nova esposa, que tanto amava.

Dario e Diva eram bons amigos e trabalhavam juntos havia muitos anos. Dario era chefe de Diva. Sua relação se estreitou quando ele se divorciou de sua esposa em um processo litigioso muito difícil, durante o qual Diva, que era muito compreensiva, calma e sensata, lhe dera muito suporte. Quando a ex-esposa de Dario soube desse relacionamento, atribuiu à Diva a responsabilidade pelo término de seu casamento. Acreditava fortemente que Dario e Diva tinham mantido um caso secreto, durante muitos anos e tentou de toda forma prejudicá-los, difamando-os inclusive profissional e financeiramente.

Dario e Diva se uniram muito e passaram a viver juntos, a princípio, secretamente. Depois, planejaram casar-se assim que a parte judicial do divórcio de Dario se encerrasse. Diva ficou muito feliz, quando enfim, após tantas barreiras, conseguiram se casar e readquiriram o respeito em suas famílias e na empresa em que trabalhavam. A felicidade de Diva e a sua nova posição social e financeira se expressaram em uma beleza radiante, acentuada por seu novo figurino. Começou a receber elogios e Dario foi ficando inseguro. Passou a suspeitar que Diva podia ter se casado com ele por interesses financeiros. Isso a magoou intensamente, pois era extremamente ética e o amava profundamente. Ele começou a ficar ciumento e ela começou a se fechar, pois sua confiança parecia deixá-lo inseguro.

Quando perguntei a Dario qual era o erro que não queria repetir, ele contou que quando namorava sua primeira esposa, ele era muito ciumento. Romperam o namoro, reataram após alguns meses e decidiram se casar. Antes do casamento, sua primeira esposa quis ser honesta com ele e contou que no período em que estiveram separados ela havia namorado um rapaz com quem havia perdido a virgindade. Ele insistiu em saber quem era e ficou duplamente indignado porque sempre acreditou que só se casaria com uma mulher virgem (aqui neste caso eu preciso ressaltar a minha idade enquanto terapeuta e mencionar, para o momento atual, que eu me refiro aos *velhos tempos!*) e por julgar aquele rapaz uma pessoa frívola, sem princípios e um namorador aproveitador. Não podia entender como sua ex-esposa poderia ter se relacionado com ele. Ele perdeu a confiança nela, mesmo que, racionalmente, soubesse que ela não o havia traído, pois isso havia acontecido quando estavam separados. Mesmo assim, passou a duvidar que ela fosse a pessoa "de valor" que ele pensava que ela era.

Dario viveu 20 anos com a primeira esposa e, quando perguntei qual tinha sido o seu erro, ele disse que só então percebia que tinha passado esse tempo todo penalizando-a pelo erro cometido e ela tentando reassegurá-lo de sua inocência, de seu amor e de sua fidelidade, sem sucesso. Ao puni-la, ele também havia se punido. Ele queria evitar que seu machismo e suas ideias irracionais se repetissem, mas não sabia como se livrar delas e, quando percebia, estava sendo ferino, injustamente, com sua segunda esposa. Quando perguntei se caso déssemos início a uma terapia de casal e se ela fosse bem-sucedida, quais seriam suas expectativas. Diva falou sorridente pela primeira vez: "Eu queria que ele voltasse a ser a pessoa feliz que ele era antes de nos casarmos". E ele confirmou: "Eu queria que voltássemos a viver da forma como vivíamos antes de nos casar, felizes, confiantes e unidos".

Já era tempo de encerrar a sessão e, então, expliquei que se ambos estivessem de acordo, poderíamos agendar uma avaliação inicial para vermos se teríamos condições de realizar a terapia de casal. Expliquei os procedimentos e ambos concordaram. Em seguida, pedi licença para contar uma história antes de terminarmos. É uma piada popular adaptada, para eles refletirem se fazia algum sentido para eles:

Metáfora 29: O judeu e a lâmpada maravilhosa

Andava o velho judeu por um deserto quando encontrou uma lâmpada empoeirada e, ao tentar limpá-la, esfregou-a. Para sua surpresa, apareceu o gênio da lâmpada. Ele ficou muito surpreso, pois acreditava que isso só acontecia em histórias infantis. Como nas histórias, o gênio, por gratidão, disse que o judeu poderia fazer um pedido que seria realizado. O judeu, entusiasmado, tirou um mapa velho e amassado do bolso, abriu-o e disse: "Está vendo esta região no Oriente Médio? Eu peço paz nesta parte do mundo". O gênio refletiu um pouco, coçou a cabeça e respondeu: "Nunca antes recebi um pedido tão difícil e não sei se tenho condição de atendê-lo. Você pode fazer outro pedido?" O judeu refletiu um pouco e tirou uma foto antiga meio apagada do bolso. Era a foto de uma jovem e linda mulher. Disse ao gênio: "Está vendo esta foto? É a minha esposa Sara. Ela era linda e carinhosa comigo. Você pode fazer a minha Sara voltar a ser como era antes?" O gênio para, pensa, coça a cabeça e diz: "Posso dar uma olhadinha naquele mapa de novo?".

O clima da sessão iniciara muito pesado e terminava de uma forma mais leve. A queixa foi se esclarecendo no decorrer da avaliação, no histórico de sua relação, de suas vidas, de suas famílias de origem. Quando Diva começou a trabalhar para Dario, tinha uma filha pequena e era mãe solteira. Ele sabia que ela sofrera muito com o abandono inesperado de seu namorado quando soube que ela estava grávida. Dario sempre respeitou sua competência e seriedade no trabalho e sua dedicação para sua filha. Diva nunca mais se envolvera em outro relacionamento amoroso e pensava que isto não mais aconteceria em sua vida. Queria muito ser amada, mas acreditava que isto não era possível. Tinha muito orgulho de sua filha que tinha sido aceita em uma pós-graduação em Harvard. Estava muito magoada e não conseguia compreender, como de repente, como numa magia negra, após o casamento, Dario começou a utilizar o fato de ser mãe solteira para diminuí-la e ofendê-la. Parece que o aumento de segurança dela após o casamento o deixara inseguro.

Dario também queria muito ser amado, reconhecido, mas não acreditava que isto seria possível, constituindo uma relação de duplo vínculo recíproco (ELKAIM, 1990). Diva já havia enfrentado o preconceito e o julgamento em outros momentos de sua vida, mas não esperava esse tipo de ofensa em seu lar, partindo de seu marido, o homem que ela acreditava que lhe ofereceria proteção e segurança. Perdeu a confiança nele, questionou a incoerência e o absurdo da situação, ficou insegura e se isolou. Ele entendia seu afastamento como rejeição, confirmando sua hipótese de que ela não o amava e que apenas tinha interesse financeiro nele. Consequentemente, ele aumentava suas agressões e ataques à sua moral pregressa. Entretanto, ambos queriam mudar essa situação paradoxal na qual sentiam que se amavam, mas não conseguiam interromper o ciclo de negatividade, mágoa e agressividade em que se encontravam.

A evolução desse caso foi boa, embora tivesse passado por momentos de recaídas. Por meio do trabalho com o genograma, Dario percebeu o forte componente machista de sua história intergeracional, onde se constituía um tabu e uma vergonha um homem casar com uma mulher que não fosse virgem, mito esse que ele havia quebrado por duas vezes, mas que ainda o atormentava. Nesse caso, em outro momento da sessão, utilizei a metáfora do Lixo e do Mendigo e a resposta foi interessante.

Outras metáforas que costumo utilizar para trabalhar o tema do tempo, estabilidade e mudanças são as seguintes:

Metáfora 30: Combustível

> Sim, entendo que você não tem tempo para abastecer o carro, mas se você escolher o tempo que vai precisar parar para abastecê-lo, vai ser bem mais rápido do que o tempo que você vai gastar se parar no meio da estrada sem combustível.

Metáfora 31: Vaga apertada

Dê marcha a ré para então ir para a frente e não desanime ao perceber que você retrocedeu, quando queria avançar. Você estaciona seu carro em uma vaga ampla, mas ao voltar, dois carros estacionaram na frente e atrás do seu e fica difícil para você sair. Você fica irritado, tem pressa, procura os donos dos carros que o fecharam, taca a mão na buzina e nada. Pode ficar esperando, pode pegar um táxi, ou pode decidir manobrar. Para sair, precisa ir para frente e para trás inúmeras vezes. Às vezes, encontra alguém que o auxilia do lado de fora. Você pode até ficar com raiva e sentir vontade de bater nos carros abusivos, mas bater neles vai também danificar o seu carro.

Metáfora 32: O bonsai

Manter viva uma árvore pequena e deixá-la uma adulta que não cresce dá mais trabalho do que ajudá-la a crescer normalmente. Se não couber no espaço que você tem para ela, pode ser preferível replantá-la em outro espaço, mesmo que mais longe de você.

Metáfora 33: Reflorestamento

Na estufa, as mudas de árvores são plantadas mantendo uma pequena distância entre elas. Isto as protege e favorece os cuidados na fase inicial de seu crescimento. Mais tarde, precisam ser replantadas, ao ar livre, a uma distância que permita seu crescimento para que todas tenham a luz do sol, os nutrientes necessários e espaço para se desenvolver.

Metáfora 34: Emergência no navio

Você já viajou de navio? Reparou quando se faz o treino de procedimentos em caso de emergência? O treino é feito quando o navio está em segurança, ou quando já está entrando água no navio?

5.3 SOBRE O SER E O PERTENCER:
A DIFERENCIAÇÃO, A PROXIMIDADE E A DISTÂNCIA

"Para que você queira se oferecer como um bouquet de flores
para seu parceiro, primeiro você precisa cuidar das flores".

(David Schnarch)

O ser humano sobrevive em grupos e a natureza de seus relacionamentos define sua identidade. Conforme Minuchin (1982), a experiência humana de identidade tem dois elementos: um sentido de pertencimento e um sentido de individualidade. O pertencimento se estabelece dentro das relações afetivas do grupo familiar básico, e o sentido de separação e individualidade ocorre por meio da participação de outros grupos em diferentes contextos da família extensa ou em grupos extrafamiliares. O equilíbrio entre esses dois elementos é tarefa contínua no desenvolvimento do ser humano.

Bowen (1991) chama de diferenciação do *self* a habilidade do ser humano de encontrar equilíbrio entre poder pertencer e afirmar sua individualidade, seu direito de pensar e se expressar, independentemente, dos valores e condutas defendidos por sua família. A diferenciação, sintetizada por ele, na ideia de "poder estar perto sem raiva, e longe sem culpa", continua fonte de conflitos e tema a ser revisado e renovado constantemente nos contratos conjugais e nas relações paterno-filiais.

A diferenciação do *self* é ao mesmo tempo um conceito intrapsíquico e relacional. A diferenciação intrapsíquica é a capacidade de separar o sentimento do pensamento, diminuindo a reatividade emocional. De acordo com Bowen, a escolha do cônjuge está relacionada ao nível de diferenciação do eu, sendo que quanto menor a diferenciação, maior a reatividade emocional, a ansiedade e os conflitos no relacionamento conjugal. O autor afirma que o nível de diferenciação se estabelece na infância de acordo com o clima emocional da família de origem e do nível da diferenciação dos pais. O grau de diferenciação está ligado aos pais e avós nas gerações passadas, ao cônjuge na geração presente, e aos filhos na geração futura. Para alterar o grau de diferenciação é importante a ocorrência de mudança nessas importantes relações, sendo um processo difícil. Caso contrário, pensar, sentir e agir diferentemente da expectativa familiar pode gerar pressão e sentimento de não pertencimento e traição.

Um tema recorrente importante, portanto, gira em torno dessas questões de proximidade e distância, quando um dos cônjuges sacrifica sua individualidade priorizando a relação, e o outro prioriza seu espaço individual. Este tema é abordado das mais diversas formas e fantasiado de diversas roupagens em diferentes conflitos. As questões da autonomia e pertencimento, da individualidade e da conexão são um dos paradoxos do ser humano e de seus relacionamentos vitais, não só na família, mas também nos vínculos de amizade e profissionais.

Sobre a arte de existir e de se relacionar, vale lembrar a obra *Passionate Marriage*, de David Schnarch (1998), que discorre sobre a necessidade do ser humano de ser e pertencer com sensibilidade, equilíbrio e competência. Como sabemos, o ser humano apresenta duas grandes necessidades: a primeira delas é a necessidade de ser *si mesmo,* de ter individualidade e identidade próprias e únicas, de se expressar de acordo com suas emoções e de agir de acordo com suas escolhas. A segunda necessidade é a de *estar junto*, de estabelecer e de manter relacionamentos e vínculos seguros com outras pessoas. Porém, ser *si mesmo* e manter relacionamentos, na prática parecem ser necessidades conflitantes, e equilibrar essas duas forças básicas é um desafio bastante complexo. Enquanto a individualidade nos impulsiona a seguir nossos próprios desejos, a necessidade de pertencer nos empurra para seguir também os desejos dos outros. A diferenciação refere-se ao equilíbrio destas duas forças, envolvendo a habilidade de se manter quem você é, e de se manter próximo às pessoas importantes para você, sem se sentir anulado. Quando as forças de ser e pertencer se expressam de forma desequilibrada em uma pessoa, seus relacionamentos tendem a caminhar para uma fusão ou desligamento emocional.

Dentro de uma relação onde só há espaço para uma única opinião, ocorre com frequência um desentendimento, onde a intimidade passa a ser vista como concordar em tudo, e as situações de discordâncias são sentidas como desamor. A falta de diferenciação, ou a fusão emocional, nos separa de quem amamos. De tão unidos, é quase insuportável ficar junto, pois um sufoca o outro. Então, é preciso aumentar a distância física ou emocional para poder existir, podendo ocorrer um corte emocional.

Existem duas estratégias que as pessoas usam para lidar com a fusão emocional familiar, transmitida de geração para geração: afastando-se e rompendo laços ou anulando-se, vivendo anos a fio sem o direito ou a coragem de existir. A fusão emocional transcende gerações e é um padrão familiar aprendido. Frequentemente, ao formar o novo par, o anulado continua se anulando no casamento, enquanto que o distante se afasta, quando não consegue lidar com as diferenças ou quando não é correspondido em suas opiniões e desejos. Indivíduos diferenciados têm fortes laços emocionais, mas não se tornam reféns. Não precisam de distância física para moderar suas reatividade aos outros ou para manter sua identidade. Conseguem ter uma relação madura onde a interdependência é reconhecida e aceita.

Concordo com Schnarch (1998) quando afirma que a diferenciação é uma das coisas mais amorosas que alguém pode fazer por si próprio e por seus relacionamentos.

Metáfora 35: Se eu não for por mim

> "Se eu não for por mim
> Quem irá por mim?
> Se eu for só por mim
> Que será de mim?
> Se não agora
> Quando?"

Essas palavras de Hilel, o Ancião, líder cabalista nascido em 110 a.C., tão antigas e tão atuais, demonstram que esse é um tema universal do ser humano. Já naquela época, a individualidade e a relação eram percebidas como complementares, e não excludentes.

Falamos tanto em mudanças socioculturais, de valores, de liberação de preconceitos e de novos formatos de famílias, porém as necessidades humanas básicas de ser e pertencer permanecem as mesmas, embora se expressem de formas distintas.

São necessidades aparentemente contraditórias que dão margem a muitos conflitos, com sensação de abandono e desamparo a um dos membros do casal ou de sufoco e aprisionamento no outro.

A fronteira entre amor e posse muitas vezes é tênue. Encontrar o equilíbrio nesta dimensão e entender os momentos do ciclo vital que colocam mais em relevância o pertencimento ou a autonomia e diferenciação, inclui uma das questões vitais do ser humano: "Quanto posso ser eu e me relacionar com você, e quanto posso me relacionar com você e manter minha individualidade? O que posso fazer individualmente, dentro do compromisso da relação, e o que não posso, pois a colocaria em risco?".

Desacordo, desconhecimento e diferentes percepções na definição e no equilíbrio destes limites são desafios constantes para o casal e para o terapeuta de casal. Envolvem fatores culturais, crenças pessoais e familiares.

Muito frequentemente, segundo Schnarch (1998), o que ocorre nesse processo é uma confusão entre intimidade, amor e fusão emocional, sendo muito mais fácil descrever o processo de diferenciação do que promovê-lo em um casal atolado em disputas e conflitos, e em buscas desgastantes e incessantes para mudar o outro e provar que o outro está errado.

O tema sobre o ser e pertencer engloba questões de ciúme, infidelidade, relacionamentos e conflitos com a família extensa, com o trabalho, disputas por sexo, afeto, dinheiro, poder, amigos, lazer e muitos outros aspectos.

A seguir, apresento um caso para exemplificar essa temática:

Sabrina procurou terapia antes de seu casamento. Estava ansiosa e insegura e se sentia muito mais dedicada a Antônio, seu noivo, do que ele a ela. Estava em dúvida se ele a amava tanto quanto ela o amava. "Eu sempre dou um jeito para agradá-lo. Planejo os meus dias em função dos dias dele. Eu sempre vou estar disponível e então fico por último".

Como seus pais eram conservadores, ela precisava armar planos para poder passar a noite com seu noivo e criava muitas expectativas. Num desses encontros, percebeu que Antônio estava dificultando, pois dissera que o dia de trabalho tinha sido difícil, mas mantiveram o programa. Ela chegou chateada, expressou sua irritação e ele se calou. Ela sentiu como indiferença e cobrou: "Você não vai falar nada?". Ele surtou: "Fale o que você quer que eu fale, que eu falo!". E ele saiu sem falar nada. Ela conta que ficou lá, "chorando como uma idiota, sem ação, querendo entender o que tinha acontecido". Queria conversar com ele mais calma, não queria que uma situação boba como essa pusesse em risco o seu casamento.

Eu disse: "Não sei por que motivo, mas enquanto você falava, eu me lembrei dos movimentos da Terra". Como Sabrina se interessou, prossegui:

Metáfora 36: Rotação e translação

Você lembra quais são os dois movimentos mais importantes da Terra? Se imaginarmos que, em seu relacionamento, você é a Terra e Antônio é o Sol, como você perceberia esses dois movimentos essenciais? Você gira em torno do próprio eixo ou só em torno do Sol? Se você se imaginar Terra, e ele Sol, como estão seus movimentos de rotação e translação? E imaginando ao contrário, você Sol e ele, Terra, o que você percebe?

Rotação e translação são os dois principais e mais conhecidos movimentos realizados pelo planeta Terra. Juntos, eles são responsáveis por uma infinidade de fenômenos que se manifestam na atmosfera e na litosfera, interferindo no clima, no relevo e na duração dos dias e das noites. A rotação é o movimento que a Terra realiza em torno de seu próprio eixo. O tempo que o planeta leva para completar esse giro é de 24 horas; assim o dia tem 24 horas onde quer que você esteja. A principal consequência é a existência alternada entre os dias e as noites, pois se não houvesse esse movimento, haveria apenas dia em um lado do planeta (que seria extremamente quente) e apenas noite no outro lado (que seria extremamente frio). A translação é o movimento que a Terra faz ao girar em torno do Sol, sendo que ela demora 365 dias, 4 horas e alguns minutos para completá-lo. Esse movimento é o responsável direto pela existência das estações do ano.

Propus representarmos os movimentos, de forma alternada: ora ela era a Terra e eu, o Sol, ora ela era o Sol e eu, a Terra. Ela ficou muito surpresa e achou a situação engraçada. Ao processarmos, ela relatou que percebeu que seu namoro anterior já havia terminado por causa da sua forma de querer estar sempre agradando e, às vezes, passando por cima de si própria. Tinha em geral dificuldade para dizer não, para se posicionar, fazia demais e quando o outro não agia da mesma forma, se sentia muito frustrada. "Eu tenho dificuldade de girar em torno do meu próprio eixo. O movimento de rotação da minha Terra está com defeito. Eu preciso entender que ora sou a Terra e ele o Sol, e ora ele é a Terra e eu o Sol. E que, ele, enquanto Terra, gira também em torno de si próprio, e não somente em torno de mim, que neste momento sou Sol".

Em outra sessão comentou: "Esta imagem dos dois movimentos da Terra tem me ajudado a perceber quando eu estou esquecendo de mim, ou quando estou exigindo demais de Antônio. Estou sentindo que nosso relacionamento está ficando mais leve. Estou mais tranquila e mais segura".

Metáfora 37: 1+1=1

$$1+1 = 1$$

Certo dia, Pedro e Silvia agendaram uma sessão. Ela havia pedido o divórcio e ele estava solicitando de todas as formas uma chance para mostrar que ele poderia mudar e salvar seu casamento. Como ela havia pedido muitas vezes para fazer terapia de casal e ele havia recusado, frente à decisão dela, ele insistiu para que ela viesse pelo menos para uma sessão. Expliquei ao casal que, primeiramente, avaliaríamos a possibilidade de uma terapia de casal. Silvia explicou que sempre chorou muito sozinha e que sempre pensou só nele: "Nunca pensei em mim, eu sempre queria agradá-lo. Reconheço a minha culpa. Durante anos, eu me anulei, pedi muito para ele ser menos inflexível e rude, que ele me considerasse e valorizasse, mas ele reagia agressivamente. Eu cansei! Quando eu disse a ele que desisti, ele disse que ia tentar mudar, mas para mim é muito tarde. Tenho muito carinho por ele e concordei em vir, porque quero que ele fique bem". Pedro então disse: "Reconheço que tenho DNA de cobrador. Sou muito impulsivo e ela era meu freio, me apaziguava. Conheço a estrada em dia ensolarado, mas com uma cerração daquelas, tinha que ter tirado o pé do acelerador. Não tirei e a machuquei demais. Ela cansou. Foram 11 anos de casados e eu não aprendi a conversar. Quando ela pedia para conversar, eu não entendia, era como se eu fosse cego e você me perguntasse o que eu achei da cor de sua roupa. Tudo tinha que ser do meu jeito, do meu método".

Em seguida, eu disse: "Pelo que você está descrevendo parece que, mesmo estando com Silvia, você não a percebia como uma pessoa com direitos, opiniões e sentimentos. Só contava você, como se 1+1 fosse igual a 1. Faz sentido para você?".

Frente à situação irreversível do casamento, Pedro decidiu iniciar uma terapia individual e Silvia faria o mesmo para enfrentar o divórcio e retomar sua própria vida, da melhor forma possível.

Infelizmente, essa situação de diferentes momentos de disponibilidade para mudanças aparece com frequência no trabalho com casais. Pedro veio na semana seguinte e começou falando: "O seu 1+1=1 me pegou! Refleti muito, valeu! Me coloquei em um pedestal, estava cego. O problema é a imposição. Que pena que eu não vi isso antes. De onde vem esta soberba, esta ideia de perfeição?".

Pedro evoluiu em sua terapia individual, respeitou a decisão de Silvia, validou sua pessoa, mesmo que tarde demais. Estava determinado a entender seu padrão de comportamento para não repeti-lo em um próximo relacionamento.

A seguir apresento mais algumas metáforas interessantes para o tema de ser e pertencer, que implica em perceber onde termina uma pessoa e onde começa a outra.

Metáfora 38: Afinar a orquestra

> Bergman (1996) utiliza a imagem do maestro e do músico, lembrando que o maestro pode entender de reger a orquestra, mas cada músico entende de seu próprio instrumento.

Utilizo com frequência esta metáfora para trabalhar a individualidade e a relação. Expandi esta metáfora incluindo a importância de se afinar a orquestra como exercício contínuo de calibragem no relacionamento interpessoal. Uma vez afinada a orquestra, não implica que estará afinada para sempre, expectativa esta bastante comum das pessoas em seus relacionamentos.

Metáfora 39: O usucapião

"Quem é o dono do terreno no qual você está construindo sua casa? E se você constrói sua casa no terreno do vizinho, como definir quem é o dono da casa?"

Essa imagem se refere ao processo pelo qual uma pessoa constrói sobre o terreno de outra e, decorrido um prazo longo, se o dono do terreno não reivindicar sua posse, o outro poderá obter direito legal sobre a propriedade. Clinicamente, essa metáfora é aplicável quando uma pessoa vive preocupada em agradar a outra. Chega um momento em que ela já não sabe quem ela é. Passa a se sentir uma extensão da outra pessoa. Por outro lado, a outra pode sentir que tem a posse sobre ela. Faz bastante sentido especialmente quando o cliente tem familiaridade com a área de engenharia civil ou imobiliária, ou com cartórios de registro de imóveis.

Metáfora 40: Controle remoto

"A quem você entregou o controle remoto de sua vida?"

Esta breve indagação questiona a tendência de atribuir ao outro o seu próprio movimento e suscita a autorresponsabilidade pela própria mudança.

Metáfora 41: Sou tão você

"Sou tão você que sinto falta de mim mesmo".

Esta é uma metáfora em escultura de argila da amiga Maria da Glória Cracco Bozza, que em 2000, criou o método *Argila: Espelho da Auto-Expressão*. Essa escultura traz uma imagem muito interessante, que retrata a indiferenciação, e é pertinente para provocar novas percepções sobre o equilíbrio e desequilíbrio entre individualidade e pertencimento, no processo de diferenciação na relação do casal.

Metáfora 42: Amor e alho

> "Se eu amo alho e você me ama, tem de amar alho", ou "Se eu amo alho e você odeia alho, você me odeia".

A metáfora acima foi inspirada em Watzlawick (1984). Quantas vezes, pais, namorados, cônjuges e amigos desejam que o outro adivinhe suas necessidades e desejos e ainda concorde com eles, pensando que isso seria um sinal de amor? Isto constitui um paradoxo.

Outra forma de expressar o paradoxo de querer que o outro seja ele mesmo, mas da forma como você imagina, é dizer, por exemplo, que você esperava flores no aniversário e não uma panela. Seu cônjuge já *deveria saber* disso sem que você precisasse falar, deixando subentendida a crença de que se o seu cônjuge ama você, ele deve conhecer você, adivinhar o que você pensa, sente e deseja. "Se eu precisar falar, não tem valor" implica uma dificuldade de perceber o limite de onde eu termino e o outro começa. Apresento, a seguir, outras imagens que nos remetem ao olhar diferenciado e às dificuldades relacionadas à percepção da alteridade, ou seja, que o outro é diferente de mim, e que diferentes formas de interpretar uma realidade comum fazem parte da existência humana e não necessitam ser excludentes.

Metáfora 43: Sobre os olhos

> "Quem você vê nesta sala? Nesta sala cada um de nós três vê duas pessoas diferentes. Quem tem razão?"

> A visão de profundidade decorre da sobreposição de duas imagens, a do olho direito e a do olho esquerdo: "O olho direito vê diferente do olho esquerdo. Experimente, tampe um, depois o outro. O que você observa?".

> O olho e a montanha: "Basta um dedo para cobrir uma montanha, depende de onde está o olho, onde está o dedo e onde está a montanha".

Metáfora 44: O sol e o albino

> "O mesmo sol que somente o bronzeia, pode queimar a pele de um albino, ou seja, o que não faz você sofrer pode trazer muito sofrimento para quem está ao seu lado."

As metáforas acima podem auxiliar em situações onde a diferença é percebida como conflito, havendo a necessidade de conseguir a concordância do outro. A discordância pode ser interpretada como falta de lealdade, má fé, distorção ou mentira.

A ideia do *sol e o albino* pode ser utilizada quando o sofrimento ou sentimento de uma pessoa é desqualificado pela outra, do tipo: "Não vejo motivo para tanto drama, eu nem sequer te toquei, só me descontrolei e falei alto. Está certo, te xinguei, mas por que tanta mágoa? Já sofri coisas muito piores e estou inteiro, isso só me fortaleceu".

Metáfora 45: Máscaras do avião

> Você já viajou de avião? Já prestou atenção nas instruções de segurança? Quase ninguém as escuta. Se você não lembra, a orientação costuma ser a seguinte: "Se houver despressurizarão da cabine, máscaras de oxigênio cairão automaticamente na sua frente. Ajuste-a sobre o nariz e boca e respire normalmente. Se você estiver acompanhado de uma criança ou pessoa que não tem autonomia, ajuste a máscara primeiro em você, para depois auxiliar o outro."

Cuidar de si e cuidar do outro, duas necessidade básicas do ser humano. É frequente no trabalho clínico encontrarmos mulheres, principalmente, que se dedicam tanto aos parceiros e aos filhos, que esquecem de si próprias. Sua necessidade de pertencer encontra-se em desequilíbrio com o seu sentido de individualidade (ver metáfora 35 – *Se eu não for por mim*).

5.4 SOBRE O AGIR E O REAGIR

> *"A todas as pessoas a quem eu fiz mal esse ano, aos que eu ofendi, envergonhei ou tratei mal, peço que pensem bem por que eu fiz isso a elas. Ainda dá tempo de me pedir perdão."*
>
> (WOODY ALLEN)

A vida relacional ocorre numa sequência de interações onde um comportamento é ao mesmo tempo reação a um anterior e precipitante de um que se segue, podendo assim ser entendido como causa ou consequência. A percepção do que vem antes ou depois depende da ótica dos participantes, processo definido por Watzlawick, Beavin e Jackson (1967) como pontuação. De acordo com ele, a pontuação organiza a sequência dos eventos conforme a percepção da linha de corte dos envolvidos. Exemplo de uma divergência de pontuação: em um discurso onde a esposa se queixa que tem que fazer tudo porque o marido não faz nada, mas na visão do marido, ele não consegue fazer nada porque sua esposa quer tudo de seu próprio jeito e por isso faz tudo. Assim, a defesa de um dos membros pode ser sentida como ataque ou agressão pelo outro. Cada um responsabiliza o outro pelo problema e só se percebe respondendo, como já descrito no círculo da vulnerabilidade do casal, gerando conflitos e acusações intermináveis (Scheinkman, 2004). O terapeuta pode vir a ser convidado a julgar quem é o culpado, quem tem razão.

A declaração acima atribuída a Woody Allen, citada no contexto de Yom Kipur[2], é um exemplo bem humorado de uma distorção de pontuação onde uma pessoa se isenta de responsabilidade por suas ações, deslocando-a para os demais.

---

[2] Yom Kipur refere-se a um dia sagrado do calendário judaico, dedicado ao perdão e ao arrependimento.

Vale lembrar o exemplo de Bateson (1979) para ilustrar a causalidade linear e circular, no qual ele aborda a diferença entre chutar uma pedra e chutar um cachorro. Quando você chuta uma pedra, o movimento da pedra é proporcional à força de seu chute, ao tamanho e formato da pedra, e ao tipo de solo. A pedra em si não reage a seu chute (causalidade linear). Já, se você chutar um cachorro, ele pode mordê-lo, fugir ou buscar proximidade. A reação do cachorro é mais definida pela relação entre você e o cachorro do que pela força de seu chute (causalidade circular). Dentro dessa ótica, a finalidade da psicoterapia é ajudar as pessoas a tomarem consciência de suas opções de reações frente à patada recebida e evitar ficar só oferecendo justificativas que as mantêm na impotente posição de vítimas. Ou seja, muitas vezes não temos o controle sobre o que nos acontece, mas temos escolha frente às diferentes possibilidades de resposta. Se nos vemos como apenas reagindo aos fatos de nossa vida, se nos centramos apenas nas recordações dos maus-tratos que sofremos, nós nos colocamos na posição de pedra chutada. Nem a vida nem a terapia podem conduzir-se com êxito frente à postura: "Viu como eu não tenho culpa?". A terapia busca liberar as pessoas do peso que sentem frente à sua história, com o cuidado de não se tornarem vítimas dela, apropriando-se dos fatos de um modo responsável.

A reatividade também pode ser entendida como uma resposta impulsiva, emocional, que não passa pelo filtro da razão. De acordo com Gottman e Silver (2014), a exaltação emocional se expressa com batimentos cardíacos acima de 100 e diminuição da taxa de oxigênio no sangue abaixo de 95%. De acordo com eles, quando isso acontece há necessidade de fazer uma pausa na interação relacional. Para fazer esta pausa, podemos incluir uma metáfora, a exemplo da metáfora 21 "A chuva e a goteira", onde tentar resolver o problema (goteira) na hora da exaltação (chuva), poderia agravar o problema (quebrar mais telhas).

Na prática clínica, observamos estados difíceis que fogem à lógica e que são carregados de forte reatividade emocional, onde a pessoa reage impulsivamente, sempre da mesma forma, não percebendo outras possibilidades e ficando sem escolha.

Comportamentos e estratégias de sobrevivência, que podem ter auxiliado um indivíduo a sobreviver frente a estresse para o qual não estava preparado para enfrentar na infância ou em outros momentos de sua vida, podem vir a se tornar disfuncionais quando ele se encontra sob estresse semelhante em períodos posteriores de sua vida, ou na vida adulta. Para melhor entender esse processo, cito o trabalho sobre tratamento de traumas complexos de Barrett e Fish (2014). Embora a pessoa não seja mais vulnerável e nem incapaz de reagir à situação estressante, como no passado, ela sobre-estima o risco e subestima sua atual capacidade de enfrentar aquela situação. De acordo com essas autoras, a forma como manejamos um evento estressante onde não temos recursos para enfrentá-lo fica registrada em nossa memória neurocerebral, na amídala. Pode-se tornar, então, nossa estratégia padrão de sobrevivência, dificultando ou impedindo nossa capacidade de integração cerebral em um nível mais complexo. Isto causa um estado de hipersensibilidade que pode levar a perceber ameaça onde ela não mais existe, trazendo reações automáticas de defesa, que dificultam a discriminação da ameaça real e a escolha consciente da estratégia de enfrentamento. A forte reação emocional impede a avaliação racional da situação.

As estratégias de sobrevivência podem precipitar reações que sabotam o desenvolvimento de respostas construtivas, principalmente as que envolvem habilidades relacionais e de uso de recursos sociais. De acordo com essas autoras, frente a sinais de estresse e de desconforto, o comportamento reativo utiliza basicamente o tronco cerebral e o sistema límbico e falha na inclusão do córtex, que é a parte do cérebro responsável por tomada de decisões em um nível mais elevado e que envolve a consciência e o comportamento eletivo. Esse conceito, visto como chave na compreensão de tratamento de traumas complexos, pode nos auxiliar na compreensão do processo pelo qual as metáforas são tão interessantes e impactantes no trabalho terapêutico. Elas reconectam o cliente com seus sinais internos, externos e relacionais do contexto estressante real, movendo-o das respostas reativas, rígidas e empobrecidas, e possibilitando novas atitudes que utilizam os recursos do cérebro integrado. Assim, frente a respostas impulsivas a um estímulo, aparentemente não ameaçador a um observador externo, podemos utilizar a comunicação metafórica que consegue, ao mesmo tempo, sintetizar ou expandir experiências e percepções, conectar ou desconectar razão e emoção, e promover novos estados e atitudes eletivas.

As metáforas seguintes são interessantes para a percepção e a reflexão sobre o aprisionamento à reatividade, favorecendo ao cliente a escolha entre várias possibilidades de resposta, tornando-se agente de seu próprio comportamento. Sua utilização pode auxiliar, também, quando o terapeuta percebe que o cliente tem premissas sobre a sequência temporal de eventos de tal forma que acredita que a mudança de comportamento do outro ou de um contexto é anterior à sua própria, sentindo-se em consequência impotente e ficando cego à sua parcela de responsabilidade pelo problema.

Metáfora 46: Taca luz alta!

Eu viajava em uma van à noite, em uma estrada escura de terra, num traslado para uma pousada na Chapada dos Veadeiros, em Goiás. Vinha no sentido contrário um carro com luz alta. Nosso motorista fez sinal para o outro carro baixar a luz, mas o outro motorista não baixou. Um dos passageiros se irritou e disse: "Taca luz alta nos olhos dele também para ele ver o que é bom"! Ao que o nosso motorista respondeu: "Aí vão ser dois que não vão enxergar". E continuou dirigindo calmamente.

Eu achei a resposta do motorista genial e registrei esta história para usar no contexto terapêutico, sobre o agir e o reagir.

Metáfora 47: Queimar o ônibus

Pessoas enfurecidas e revoltadas contra a má qualidade do transporte público e a falta de ônibus vandalizam, destroem e queimam ônibus.

Compartilho minha perplexidade frente a esse tipo de notícia e pergunto aos meus clientes: "O que vocês acham desta tentativa de solucionar o problema? Será que em algum momento vocês fazem uso deste tipo de solução?".

Com frequência encontramos pessoas que, ressentidas por sentirem que não recebem o amor, respeito ou cuidado que gostariam, ou que acham que merecem, agridem, machucam e magoam aquela pessoa da qual esperariam o amor. E se ressentem com a resposta dela que, magoada, se afasta ou se torna menos amorosa ainda. A metáfora abaixo pode se sobrepor à já citada *O lixo e o mendigo* (metáfora 26), assim como a que se refere a *Vomitar sobre o outro* (metáfora 53).

Metáfora 48: O jornaleiro

O Sr. João comprava jornal na banquinha do Sr. Carlos, todos os domingos. O Sr. Carlos estava sempre de mau humor. Era agressivo e reclamava de tudo. O Sr. João sempre o cumprimentava e agradecia o jornal. Seu neto, que o acompanhava, um dia, lhe disse: "Vô, eu não entendo por que você continua tão gentil com este homem. Ele me parece tão grosseiro!" O Sr. João, então, respondeu: "Porque não vou permitir que uma pessoa rude como o Sr. Carlos defina a forma como eu vou me comportar".

Metáfora 49: O beijo da princesa

A princesa quer um príncipe, mas não quer beijar o sapo. Porém, o sapo precisa de um beijo de amor para virar príncipe.

A mulher quer carinho para fazer sexo, e o homem quer sexo para fazer carinho. Já viveram este tipo de impasse? Lembro de um caso onde o noivo se transformava de *sapo em príncipe*, não por um beijo da princesa, mas quando ela parava de beijá-lo, ao romperem a relação. Ele, então, para reconquistá-la, tentava corresponder aos seus pedidos de maior demonstração de carinho e envolvimento afetivo, virando *príncipe* por algum tempo, para então voltar a ser *sapo*, em círculos recorrentes. Esse casal buscou terapia, quando, pela segunda vez, o casamento marcado fora por ele adiado e ambos estavam magoados e frustrados. Ela questionava a viabilidade de seus planos de vida conjunta. Ele se encontrava aprisionado ao sofrimento do divórcio litigioso de seus pais e, ao temer o compromisso e associá-lo à dor, repetia a história que queria evitar. Idealizava um casamento perfeito, ficando inseguro frente a qualquer crítica de sua noiva e parecia acreditar que só poderia casar, quando tivesse certeza que poderia corresponder a todas as suas expectativas. As perguntas metafóricas, que se seguem, favorecem a percepção da inviabilidade da ideia de que primeiro precisamos saber fazer bem algo, para então começar a fazê-lo.

Metáfora 50: Isso antes daquilo? O que vem antes?

> É preciso esperar a criança aprender a falar para só então conversar com ela? Ou conversar com ela para ela aprender a falar? É preciso aprender como funciona o pulmão, para só então poder respirar? É possível comer sem se lambuzar? Ou é preciso aprender se lambuzando para poder, então, comer de forma mais limpa e organizada? Será que você precisa aprender a nadar para então entrar na piscina e nadar perfeitamente, ou vai entrar na água, para então aprender a nadar?

Metáfora 51: Acidente de trânsito

> Você estava no banco do passageiro quando seu cônjuge bateu o carro. Você não foi responsável pelo acidente, mas se machucou muito. Então, o acusa e espera que ele trate de seus ferimentos, vá ao médico por você, faça fisioterapia por você e o responsabiliza por sua incompetência nesta tarefa. Vê como prova da falta de amor e como desinteresse quando ele se sente impotente e desiste.

Entre os possíveis usos desta metáfora está a aplicação em casos de infidelidade, onde cabe principalmente ao cônjuge infiel o esforço de recuperar a confiança do parceiro magoado. Para isso, necessita também do empenho e participação deste último.

Metáfora 52: Fogo

Está pegando fogo. Tem duas garrafas com líquidos semelhantes. Numa está escrito água e na outra, álcool. No desespero, confundo as garrafas e, quando percebo, constato que estava tentando apagar o fogo utilizando a garrafa de álcool.

Metáfora 53: Vomitar sobre o outro

Você vomita sobre o outro e depois pergunta: "Por que você está azedo"?

Parece não fazer sentido, vomitar sobre alguém e se surpreender com o cheiro azedo e desagradável. Porém, na experiência relacional, é frequente observarmos queixas com o seguinte formato: "Ela grita, explode, me xinga de traste, de incompetente e quando se acalma, ainda inverte a situação e vem me cobrar porque estou distante e mal-humorado". O terapeuta pode dizer algo assim: "Parece que você sente que ela vomitou sobre você e nem mesmo percebeu. Não tentou ajudar você a se limpar, e veio reclamar que você ficou azedo?". Se houver indícios de abertura da esposa frente a esta imagem, o terapeuta pode perguntar a ela o que pode ter lhe causado o mal-estar ou que alternativas poderia ter se sentisse que precisava vomitar.

Metáfora 54: Guarda de trânsito

Há guardas de trânsito que multam e berram, há guardas que berram e não multam, há guardas que desconhecem as leis de trânsito e multam ou berram, arbitrariamente, de acordo com seu humor do momento, e há guardas que, educadamente, multam e solicitam a atenção do motorista para a lei infringida.

"Neste conflito que vocês acabam de relatar, com que tipo de guarda vocês se identificam?". Costumo introduzir esta imagem para trazer a reflexão sobre o estabelecimento, conscientização e manejo de regras e acordos entre pais e filhos e entre cônjuges.

5.5 SOBRE A REALIDADE E A IDEALIZAÇÃO: LIMITES, PERDAS, CONTROLE E PERFECCIONISMO

"Enquanto buscamos o inacessível, tornamos impossível o realizável" (Robert Ardrey).

Quando se compara a realidade à utopia, ao ideal, a realidade sempre perde. As expectativas e os fracassos resultantes desse fato geram um sentimento constante de culpa, frustração, cobranças e exigências que impedem a aceitação de erros e a aprendizagem com eles. Enquanto você espera sua vida ideal acontecer, não pode viver sua vida real. Enquanto você busca ser o melhor de todos, e não o seu melhor, seu padrão de referência está no outro e não em você mesmo. Podemos perceber como esta temática se interconecta com as demais.

O conflito entre a idealização e a realidade é bastante frequente. A idealização tende a predominar no início de um relacionamento onde cada parceiro mostra o seu melhor lado e o outro escolhe enxergar aquilo que corresponde a seus sonhos. Os desafios da realidade e as novas tarefas inerentes ao desenvolvimento do ciclo vital, costumam evocar um sentimento de frustração e uma sensação de desilusão; de ter sido enganado ou ter se enganado, como se o outro não fosse mais aquela pessoa que parecia ser. O desgaste da comparação entre a relação real e a imaginária se torna cada vez mais frequente quando as pessoas comparam suas vidas e suas rotinas a publicações do *Facebook, Instagram* ou equivalentes, onde tudo parece maravilhoso e perfeito. Conhecemos as intempéries de nossas vidas e imaginamos a vida dos demais como perfeitas, processo que denomino *a armadilha da comparação*. Os provérbios populares já conhecidos como *A galinha do vizinho bota ovo amarelinho, ou A grama do vizinho é sempre mais verde,* tem seus efeitos intensificados com os novos recursos da mídia.

Ilustro a seguir com recortes de um caso: Reinaldo tem muitas dúvidas se Rosa é a mulher certa com quem se casar. Rosa tem certeza do que quer e sonha com casamento e filhos. Ele tem medo, pois quer ter filhos somente se souber que o casamento vai dar certo. "Não tive exemplo em casa e sofri demais com a difícil separação de meus pais. Tenho coisas que me paralisam, pois sinto que tenho a obrigação de acertar". Rosa pergunta: "Quando vamos começar a viver o hoje? Já terminamos o namoro tantas vezes". Reinaldo, que não quer ter incertezas nem conflitos, sabe que se terminar mais uma vez o noivado vai ser definitivo e não quer perder Rosa. Sente que por querer as coisas mais ou menos perfeitas, se abrir o jogo e expressar mais suas inseguranças, as chances de conflitos serão maiores. Por não querer errar, ele teme que ela tome conhecimento de suas vulnerabilidades. Quando Reinaldo fica inseguro, ele se afasta de Rosa, e ela sente que ele não se importa com ela e o critica por sua inacessibilidade. Reinaldo, que se preocupa em corresponder a todas as expectativas de Rosa, percebe-se incapaz de ser a pessoa que Rosa busca como companheiro. Quando pergunto sobre as consequências de querer aparentar perfeição ele pensa um pouco e responde: "Tenho que mantê-la a um metro de distância, pois a menos de um metro, as imperfeições ficam visíveis". Pergunto a Rosa como ela recebe estas revelações de Reinaldo e ela diz: "Eu não quero um casamento perfeito, nem um marido perfeito, só quero ter um companheiro mais próximo e acessível". Além das metáforas já apresentadas, seguem mais algumas que auxiliaram neste caso:

Metáfora 55: A armadura

> A armadura que o protege da dor é a mesma que não permite que você sinta o carinho e o afago das pessoas que o amam.

Esta metáfora poderia ser usada sob o formato de pergunta: "Fico imaginando que você usa uma armadura pesada que parece grudada em sua pele. Protege você da dor, mas impede o prazer de um carinho. É pesada e impede seus movimentos. Desde quando a usa? Foi você quem a confeccionou? Qual o impacto desta armadura na sua vida? Como seria se deixasse de usá-la? Seria isto possível? Quem o apoiaria? Quem se ressentiria?".

Pergunto a Reinaldo como ele representaria esse impasse de seu relacionamento, em seu trabalho. Ele é um representante comercial muito orgulhoso de seu desempenho profissional e responde: "É como se eu vendesse uma mercadoria que não tenho e depois sofro para entregar. Eu jamais faria isso". E ambos se surpreenderam com esta resposta. Mais tarde, ele disse: "Essa coisa de vender uma mercadoria que não tenho para entregar ficou na minha cabeça, eu vendo uma imagem de perfeição e depois tenho medo que percebam minhas dificuldades. Eu vivo comparando a vida que eu tenho com a vida que eu acho que deveria ter. Na vida ideal tudo é perfeito e sem conflitos. Eu preciso aprender a lidar com os conflitos e não imaginar que posso tirá-los de minha vida". Esta é uma mudança de premissa de Reinaldo que, aos poucos, abriu a possibilidade de a relação descongelar e seguir novos caminhos. Rosa, por outro lado, ao entender o afastamento de Reinaldo não mais como uma indiferença a ela, torna-se menos exigente e ambos conseguem quebrar o círculo de negatividade e vulnerabilidade no qual se encontravam. Conseguem marcar a data do casamento, cientes para tentar, desta vez, fazer de forma diferente. Em vez de buscar resolver todos os detalhes sem conflitos, já se preparam para as dificuldades que provavelmente irão enfrentar.

O perfeccionismo e a idealização de si próprio e do outro, ou da relação, podem levar a um estado permanente de alerta e de medo de errar, de desejo de agradar, que pode aprisionar, angustiar e dificultar a intimidade.

Metáfora 56: Comer sem fazer cocô

Será que dá para comer sem fazer cocô? Será que querer acertar sempre, não desperdiçar nada, não aceitar erro algum, é como querer comer sem fazer cocô? Será possível? Como não é possível, não comer seria a solução? Segurar o cocô porque está duro e dói? Quanto mais seguro, mais vai doer. Ao sair, pode sangrar, e confirmar meu medo de fazer da próxima vez.

Deve chamar a atenção do leitor o uso de tantas metáforas que se referem ao ato fisiológico de evacuar: um ato tão natural e universal, que chama a atenção das crianças e que faz parte da experiência de todas as pessoas, independentemente de contexto, gênero ou cultura. As afirmações sobre aspectos deste processo conhecido, geralmente, são aceitas de forma lúdica e leve pela maioria dos clientes. Ao sobrepormos estas imagens no contexto terapêutico, elas tendem a favorecer a externalização do problema e a flexibilização de regras e premissas rígidas relacionadas a controle, exigências e idealizações.

Outras imagens com essa temática:

"As palavras são como o cocô, depois que saem, não têm como voltar".

"Para meu marido tem que ser tudo perfeito e não dá para fazer nem pum fora do penico", disse uma vez uma cliente.

"Transformar merda em adubo" pode ser uma afirmativa comum e útil sobre como tentar tirar o melhor de uma experiência difícil.

Lembro de um menino encoprético, de cerca de oito anos, que atendi há muito tempo. Ele sentia nojo do cocô e segurava o máximo que podia, então, ao evacuar sentia muita dor, o que confirmava suas reações de esquiva frente a este processo fisiológico. Ele era de uma família bastante religiosa e adorava o papa. Em determinado momento da terapia em que ele falava do papa, eu disse que lhe contaria um segredo, que em respeito ao papa, não deveria ser comentado, e afirmei que eu sabia que o papa fazia cocô. Ele ficou indignado e solicitei que ele, ainda em segredo, perguntasse a alguém de sua confiança se minha informação era verdadeira. Na sessão seguinte, sorriu ao contar que perguntou ao padre de sua igreja e acrescentou que, se o papa fazia cocô, ele também poderia fazer.

Para ilustrar, acho interessante nesse momento compartilhar o caso de Denise, que integra as dimensões sobre a realidade e a idealização, sobre o ser e o pertencer, e sobre estabilidade e mudança.

Denise chegou à terapia se sentindo aniquilada como pessoa, com sentimentos depressivos e com pensamentos suicidas. "Parecia mais fácil morrer do que sair desta relação", ela dizia. Ela relatou sua confusão inicial, quando compreendia como amor as atitudes de controle e ciúme excessivo de seu marido. Seu desejo antigo de ser amada, constatado através de seu genograma, e seu aprisionamento à ideia de que amor está condicionado a agradar sempre e a evitar conflitos a qualquer custo, fizeram com que demorasse a perceber essa confusão. Com o passar do tempo, foi ficando sem espaço e qualquer movimento seu de individualidade era desqualificado e visto como deslealdade. A esses movimentos se seguiam recriminações ásperas e explosões de agressividade, com ameaças de separação. O desejo idealizado de seu casamento a levava a esconder de seus próximos o drama em que vivia. Até que uma amiga sua presenciou uma destas cenas de ciúme de seu marido, o que lhe permitiu, através da perplexidade do olhar externo, se distanciar do problema, ter novas percepções e romper o relacionamento. Frequentemente, este *olhar do outro* que permite uma nova percepção da realidade, é feito pelo terapeuta.

Denise ficou órfã de pai aos 9 anos. Muitas vezes presenciou atitudes violentas de seu pai em relação à sua mãe. Se a sua mãe o desagradasse, seu pai ficava agressivo e quebrava coisas. Ele era constantemente impulsivo e explosivo. Denise tinha medo quando ele dirigia perigosamente, motivo de censura e de brigas entre seus pais. Ela lembra que sofria ao ouvir sua mãe chorando e ver seu pai sair batendo a porta. Morria de medo de desagradar o pai, fazendo de tudo para deixá-lo satisfeito e evitar brigas. Quando seu pai morreu, jovem, em um acidente de trânsito, sua mãe se tornou ainda mais triste e Denise achou que ela também poderia morrer de tristeza. Desde então, pegou para si a tarefa de alegrar sua mãe e fazer todas as suas vontades.

Denise buscou terapia após o rompimento de seu casamento, onde ela tentava agradar a Pedro de todas as formas, mas nada o satisfazia. No período inicial do relacionamento, ele era extremamente gentil. "No início eu gostava do jeito que ele gostava de mim e procurava harmonizar sempre, concordando com ele, mesmo quando não concordava de fato. Tentava torná-lo seguro a ponto de aceitar que quando íamos em um restaurante ou viajávamos eu tinha que olhar para a parede ou para baixo, caso contrário ele tinha um acesso de ciúme. Com o passar do tempo, ele passou a reclamar de tudo, desde a roupa que eu vestia, até a direção do meu olhar. No início eu tentei expressar para ele como estava me sentindo, mas ele reagia mal, gritava comigo, me acusava de egoísta, mentirosa e infiel, tornando-se cada vez mais possessivo, agressivo e controlador". Aquilo que, no início parecia ser uma grande paixão, começou a sufocá-la. "Percebi que ao lado dele não conseguia respirar; eu me perdi totalmente de mim mesma e preciso me encontrar. Passei a ter sintomas de taquicardia e quando ele explodiu na frente de minha amiga, tive uma crise de pânico e percebi que não poderia mais ficar nesse casamento. Demorei muito para conseguir me separar. Escondia este lado de meu casamento de minha mãe e de nossas filhas. Nosso casamento parecia perfeito. Pedro parecia para todos ser um marido ideal, carinhoso, atencioso e apaixonado e de fato era um bom pai".

Denise não queria desagradá-lo e considerava-se responsável pela felicidade e bem-estar de todos. Foi guardando e guardando sua mágoa e insatisfação, pois não queria machucá-lo. Foi se fechando e se afastando de todos, pois já que não dava conta de se relacionar sem se machucar e passou a se isolar. Quando não aguentou mais, em uma das explosões de ciúmes, de gritos, de controle e de acusações infundadas, ela não se calou. Teve um acesso de raiva e decidiu se separar, de forma irreversível. Pedro ficou indignado, reagiu agressivamente e ela se sentiu muito culpada, não vendo como sair desta situação. Quando se percebeu com ideação suicida e com medo das perseguições do ex-marido, que já não eram mais secretas, buscou terapia.

No contexto de seu processo terapêutico, as metáforas citadas sobre o cocô auxiliaram-na a perceber um padrão relacional que, para ela, até então, não era motivo de problema.

Por um lado, ela gostava de se sentir amada e rodeada de pessoas que ela tentava fazer felizes, mesmo em sacrifício próprio, pois achava que era característica de sua personalidade a forma como priorizava o outro e auxiliava a todos. Por outro lado, envergonhava-se e sentia um incômodo caso necessitasse solicitar um favor para alguém. Começou a perceber que sua mãe vivera em um casamento abusivo e que ela também vivera uma relação abusiva em seu casamento. Passou a identificar outras relações onde se sentiu abusada, inclusive por sua própria mãe, que a inundava de mágoa e culpa, caso ela não atendesse imediatamente suas demandas, que foram aumentando na medida em que a idade avançava.

A introdução das metáforas no decorrer das sessões terapêuticas trazia surpresa e perplexidade, emoções que auxiliaram inicialmente a percepção e questionamento de um padrão instalado na infância e que seria muito difícil de mudar apenas com argumentos da razão. A metáfora *comer sem fazer cocô* (metáfora 56) apresenta uma realidade fisiológica inquestionável, com conteúdo isomórfico que a auxilia a perceber suas crenças até então inquestionáveis, abrindo-se para novas percepções, emoções e atitudes. Naturalmente, não é fácil quebrar um padrão de comportamento antigo. Até então era natural para ela sua ideia de que poderia agradar a todos, o tempo todo. Muitas vezes, quando ela se priorizava e dizia não para uma solicitação, sentia muita culpa e desconforto. Não sabia como lidar com a reação de decepção e descontentamento do outro. Sentia-se responsável pelas cobranças de Pedro e buscava não ferir seus sentimentos, sofrendo ao se perceber causadora do sofrimento dele. Neste caso, Denise buscava resolver seu problema, mantendo a premissa de que teria que agradar sempre, a todos, o tempo todo. Dentro desta premissa buscava uma solução impossível. Em uma das sessões, perguntei a ela se aceitaria tentar resolver um problema muito difícil. Ela ficou surpresa e aceitou. Apresentei-lhe a consigna do *Jogo dos nove pontos*, relatado anteriormente (metáfora 5). Dei a ela lápis e borracha, pois como já vimos a solução não é fácil. Frente à dificuldade e à necessidade de refazer, ela disse: "Não gosto de apagar, tenho que acertar sempre".

Quando ela desistiu, mostrei a solução. Ela disse: "Nossa, tem que sair do quadrado: dentro do quadrado não tem solução! Para sair do meu quadrado preciso romper com o lema da minha vida: nunca brigar, nunca desarmonizar. Será que consigo reescrever o lema da minha vida?" Denise já havia tentado todas as mudanças possíveis dentro da premissa "eu tenho que agradar sempre" e percebe que isto é tão impossível quanto comer sem fazer cocô. A metáfora a ajudou a mudar a premissa para "não é possível agradar sempre em todas as situações de todos os meus relacionamentos". Denise concluiu: "Parece que é o que acontece comigo. Não falo por medo de machucar, vou engolindo, acumulando, acumulando, até que não aguento e estouro. Quando falo, me machuco. Seguro o cocô porque acho que vai doer, até que não aguento mais segurar e então ou tenho diarreia ou está duro e dói. Acabo me isolando, fugindo das pessoas, para não machucar ninguém".

Esse é um exemplo de mudança de segunda ordem facilitada pelo uso de metáforas. "Como demorei tanto para perceber algo que agora parece tão óbvio? Eu guardava o meu cocô e quando saía, doía, confirmando a minha expectativa". As metáforas sobre o cocô sempre renderam boas risadas e bons resultados.

Enquanto terapeuta, registrei sua pergunta "Será que consigo reescrever o lema de minha vida"? Gosto de anotar certas frases dos clientes, para retomar em um momento futuro da terapia. Eu disse: "Lembro de uma pergunta muito interessante que você fez em uma de nossas sessões". Geralmente o cliente fica muito curioso, sobre o que teria falado com tamanha importância para ser retomado. Coloquei a pergunta e introduzi a metáfora de "Como seria usar a *cartilha do jardim da infância* na universidade?". Em outro momento eu poderia usar o *japonês escondido na selva*.

Assim constatamos como os temas e as metáforas podem se sobrepor em um mesmo caso, em uma rede de conexões fortes de crenças, premissas, emoções e atitudes. Algumas fazem mais eco para o cliente do que outras e podem se transformar em interessantes instrumentos terapêuticos, principalmente quando o cliente passa a utilizá-las em sua fala.

Metáfora 57: Parar de fazer cocô

Como a criança aprende a parar de fazer cocô na calça? Primeiro a criança não sabe que fez cocô, chora e cabe ao responsável descobrir a fonte do desconforto. Mais tarde, chora e já sabe indicar que está suja. Esta etapa precede a seguinte, onde a criança já pode antecipar a necessidade fisiológica e demonstrá-la para que o adulto a leve, até aprender a ter autonomia para ir só e chamar o adulto para limpá-la. Finalmente, aprende a se limpar sozinha. Não deixa de fazer cocô e encontra uma forma mais confortável para fazê-lo. Mas quando a aprendizagem é recente e a criança está sob estresse ou distraída, facilmente ocorrem acidentes.

Em outro momento da terapia de Denise, a metáfora acima foi utilizada para antecipar as dificuldades do processo terapêutico no desenvolvimento de novas aprendizagens e normalizar possíveis retrocessos que podem ser sentidos como frustrantes ou até intoleráveis.

Como já observado, esta cliente respondeu muito bem às intervenções metafóricas, sendo que outras foram utilizadas no decorrer da sua terapia. Sempre aguardando o momento e cuidando para não sobrecarregar a cliente com metáforas e não desgastar o recurso. As metáforas sobre o cocô e sobre parar de fazer cocô, por exemplo, trouxeram redefinições importantes: "Você se deu conta de que agradar a todos, o tempo todo é uma missão impossível? A grande surpresa não é que você não consegue mais e sim como você conseguiu fazer isso por tanto tempo!".

Na sequência, neste mesmo caso, foi utilizada a metáfora "Aprendiz de feiticeiro", relatada a seguir, sobre o tema de estabilidade e mudança.

Metáfora 58: Aprendiz de feiticeiro

"Você conhece a mágica do Mickey, no desenho animado *Aprendiz de feiticeiro?*", perguntei à cliente, que responde que a conhece, embora não se lembre bem dela. "Parece que o Mickey tinha de carregar baldes de água e, ao ver um livro de mágicas, tentou fazer a vassoura trazer a água em seu lugar. Ficou feliz, vendo a vassoura fazer o seu trabalho, mas depois não sabia desfazer a mágica e não sabia fazer a vassoura parar de trazer água, ficando desesperado pois já estava se afogando na água".

A sessão prosseguiu sem persistirmos nessa ideia.

Na sessão seguinte, ela chegou sorrindo e disse: "Resolvi assistir ao desenho do Mickey e, de repente, descobri o sentido do que você falou na última sessão. Eu não sei como desfazer a mágica de agradar a todos, o tempo todo. Foi boa no começo, me deixou satisfeita como o Mickey, mas agora estou me afogando nela. Tenho de descobrir como desfazer essa mágica!" Este é um exemplo de como uma história infantil do repertório do terapeuta e do cliente pode auxiliar na quebra de um padrão rígido e abrir possibilidades para novas aprendizagens.

A percepção das crenças aprisionadoras e o desejo de mudá-las em si não resolvem o problema, mas abrem para uma nova etapa da terapia, que traz esperança e confiança e favorece o acesso e o uso de recursos produtivos próprios do cliente.

Metáfora 59: Ator permanente

O ator permanente vive no palco e as cortinas nunca se fecham. "Ouvindo você me vem a imagem de um ator no palco, com os holofotes dirigidos para ele, onde qualquer erro, qualquer imperfeição será notada. Todas as atenções se dirigem para ele. Isto geraria muito estresse para qualquer um. Como seria ser um ator permanente, onde as cortinas nunca se fecham e não há um único momento para tirar a maquiagem, se estatelar em um

> sofá e relaxar? Fica a sensação de uma confusão entre o ator e a plateia observadora, onde a pessoa em vez de viver, se observa e julga constantemente seu próprio desempenho tornando-se um expectador crítico da própria vida. Isto faz algum sentido para você"?

Metáfora 60: Banca de doutorado

> "Agora me ocorreu uma ideia que você vive como se estivesse frente a uma banca de doutorado eterna, onde todos lhe questionarão, procurando erros para pôr à prova seu conhecimento e reprovar você. Faz algum sentido isto para você?"

O pensamento acima pode ser sobreposto ao seguinte para reforçar a ideia dos limites entre o ideal e o possível.

Metáfora 61: Empurrar a parede

> O terapeuta pede para o cliente empurrar a parede com força e, obviamente, a parede não se move. O cliente, frente à sua impotência nesta empreitada do tipo "missão impossível", pede o auxílio do terapeuta, que o "ajuda" empurrando as costas do cliente contra a parede.

Geralmente, proponho esta tarefa de empurrar a parede ao lado de uma porta. Este recurso costuma ser lúdico e terapeuta e cliente costumam rir juntos, enquanto o cliente se dá conta do absurdo da situação. Enquanto todas as energias são consumidas para empurrar a parede, o cliente não percebe a porta ao seu lado que talvez possa ser aberta. Este é um recurso metafórico com mais foco no movimento corporal do que na fala.

Metáfora 62: A armadilha da comparação

Consiste em comparar o seu pior com o melhor do outro, seu defeito com a qualidade do outro, sua maior dificuldade com a maior habilidade do outro, aquilo que você critica em si próprio com aquilo que você admira no outro.

Uma cliente, ao ouvir isso, disse: "O resultado é sempre o mesmo: sempre perco. Se eu me comparo, eu paro".

Metáfora 63: Bezerro de ouro

Se você pensa que seu bezerro é de ouro falso, mas não quer que ninguém saiba disso, não pode deixar ninguém se aproximar.

Essa metáfora trata da armadilha de se ficar escravo de uma imagem que se construiu ao longo da vida. Um cliente confirma: "Criei uma imagem de perfeição e agora não deixo ninguém chegar perto de mim para não descobrirem os meus defeitos".

Metáfora 64: Escravo da liberdade

Fico com a sensação que você está aprisionado no seu conceito de liberdade. Para ser livre, você está prisioneiro. Você não pode se conectar a nada que interfira com sua liberdade. Faz algum sentido para você?

Metáfora 65: Rei Midas

O Rei Midas transformava tudo o que tocava em ouro. O Rei Midas ao contrário focaliza sempre a parte negativa. E você, como faz?

Metáfora 66: A selva e o zoológico

> Será que é possível ter ao mesmo tempo a segurança do jardim zoológico e a emoção, os perigos e os mistérios da selva?

Uso essa metáfora quando sinto necessidade de aprofundar questões como expectativa, prioridades, crenças, valores sobre amor, desejo e sexo. É comum a existência de muitas expectativas, algumas contraditórias, para uma mesma relação duradoura e segura, com as mesmas emoções de um caso extraconjugal.

Metáfora 67: Oração da serenidade

> "Senhor, dai-me coragem e força para mudar o que posso mudar, humildade para aceitar o que não posso mudar, e sabedoria para distinguir entre as duas situações" (origem incerta).

Esse pensamento traz o tema da tênue fronteira entre aceitação e mudança. Frequentemente, na terapia, a mudança necessária é a aceitação do limite entre o que posso mudar e o que não posso. Muitas vezes, o cliente fica tão focado em alterar aquilo que não pode ser alterado, como o passado ou o outro, e não percebe seus recursos para alterar aquilo que tem possibilidades, como por exemplo uma nova interpretação do passado, de si próprio, ou do futuro, a partir de uma nova atitude no presente.

Um fenômeno que tem se intensificado a partir da exposição da vida pessoal na internet é o sentimento de que sua própria vida é sempre menos estimulante ou interessante do que a dos demais. Relato a seguir o caso de Dora, que Omer (1994) denomina de *O pecado do orgulho*, por ser muito interessante como instrumento para reflexão de clientes com este tipo de padrão. Dora, advogada de um conceituado escritório de direito, preocupava-se, constantemente, com a impressão que causava nos outros e o seu sentimento de falta de valor. Não considerava o fato de ser respeitada e admirada por seus colegas de trabalho, por seus amigos e, principalmente, por seu marido. Buscava o reconhecimento de poucas pessoas que ela valorizava e, quando os recebia, encontrava alguma forma de diminuir o seu valor. Ela era altamente crítica de si mesma e imaginava que as pessoas dignas de confiança somente poderiam avaliá-la da mesma forma com que ela fazia. Atribuía sua falta de autoestima à sua família de origem, onde somente seu irmão conseguira ocupar o espaço de *gênio da família*, o que era impossível para uma mulher. Dora continuava essa tradição familiar, reconhecendo o valor do seu filho, e sendo excessivamente crítica com a sua filha. A sua conceituação do problema estava sendo contraprodutiva. Sua tendência de desqualificar os demais e sua necessidade de se posicionar com o mais alto *pedigree* da humanidade proporcionaram ao terapeuta uma descrição alternativa de Dora, de confronto, que causou impacto e gerou reflexão.

Metáfora 68: O pecado do orgulho

"Parece que você sofre do pecado do orgulho, embora você não tenha orgulho de si mesma. O pecado do orgulho é algo mais profundo. Consiste em preocupar-se constantemente com o seu tamanho em relação ao dos demais e em desqualificar os menores e suas opiniões, ou ficar tão obcecada pelos maiores que nada conta tanto quanto ser validada por eles. Seu orgulho é uma obsessão. Você vê a vida verticalmente, como um gradiente de valor e não pode aceitar o fato de não se ver no topo. Há duas situações onde as pessoas que sofrem do pecado do orgulho não são capazes de manejar: quando os outros não a apreciam, o que leva a uma espiral de depreciação e desespero, e quando os outros a apreciam, o que leva a um estado de desqualificação para provar que o reconhecimento era infundado ou que a pessoa que a admirou não tem valor. O pecado do orgulho carrega sua própria punição, não permitindo alguma saciedade ou satisfação pessoal. Se você quer mudar, deve aprender a desinflar seu ego, fazer dieta no seu apetite por admiração e diminuir sua arrogância" (OMER, 1994, p. 18-19).

Ao ouvir este relato, um cliente homoafetivo, que encontrava dificuldades em seu relacionamento conjugal, ficou um tempo calado e depois disse algo assim: "É verdade, pois o perfeccionismo e a busca de controle estão me destruindo. Sou muito prepotente e competitivo. Acho que sou como Dora, arrogante, piso em cima de meu marido, sempre estou me comparando e quero ser o melhor. Hoje temos dinheiro e *status*, mas não somos felizes. Queria ser respeitado, uso grifes que nunca imaginava poder usar um dia. Mas vivo com pânico de ser sacaneado, de ser superado, de bobear e perder tudo no futuro, de ser traído. Me tornei escravo de meus rótulos, da imagem que quero ter".

Brinco com ele com a metáfora a seguir:

Metáfora 69: Espelho, espelho meu

> "Espelho, espelho meu, há no mundo, alguém mais belo do que eu?"

Uma frase semelhante a essa foi dita pela madrasta, na história da *Branca de Neve e os Sete Anões*, da qual todos conhecem o final.

Em outro momento da terapia desse mesmo cliente, pude retomar sua fala sobre como, apesar de ter dinheiro, não se sente feliz. "Que pena, parece que você tem um tesouro que o empobrece. Essa ideia faz sentido para você"? Esse tesouro pode ser o dinheiro, a relação, o perfeccionismo, o desejo de vencer ou qualquer coisa que se conecte e faça eco no cliente.

Metáfora 70: O tesouro que empobrece

> Você tem um tesouro muito especial, tem muito medo de perdê-lo, vigia-o constantemente e está sempre alerta. Vê toda pessoa que se aproxima como se tivesse intenção de roubá-lo ou de se aproveitar de seu tesouro e se afasta, preservando, assim, o seu tesouro. Fica aliviado quando protege seu tesouro, mas não usufrui dele e vive sob estresse permanente.

Essa situação retrata justamente o fato ambivalente e paradoxal de um tesouro que pode vir a empobrecer, ou seja, é o muito que gera muito pouco.

Capítulo 6

TEMAS VARIADOS

Na terapia de casal é frequente acontecer que a tentativa de solução de um dos cônjuges é percebida como ataque ou falta de compreensão pelo outro, causando uma reação que por sua vez é sentida como agressão ou afastamento pelo primeiro. Esse processo já foi apresentado anteriormente e foi descrito por muitos autores.

A temática dos conflitos pode se referir às mais variadas questões existenciais. Busca de amor e temor de rejeição. Ciúmes, sentimentos de traição. Conflitos que se referem a sexo, poder e dinheiro. Sentimento de impotência. Diferentes visões e crenças em verdade única, a sua. Rigidez frente à necessidade de mudança. Desequilíbrio entre ser e pertencer. Confusão entre amor e fusão.

Watzlawick, Weakland e Fisch (1977) mencionam uma diversidade de tentativas de solução que podem impedir a solução, manter ou agravar os problemas, como as simplificações, a síndrome da utopia, os paradoxos, o mesmo remédio em maior dose, a confusão entre a realidade e a realidade percebida, e aquelas que confundem os níveis de mudança que se fazem necessários. Quando você tem necessidade de mudanças de segunda ordem, que alteram as regras do sistema, mas utiliza mudanças de primeira ordem ou vice-versa. As tentativas de solução mantêm ou mesmo agravam a situação que se pretende resolver, podendo vir a se tornar o problema em si. Um cliente relatou que sua esposa estava muito deprimida e ele tentava colocar sol na vida dela, enquanto buscava soluções para o seu sofrimento. Ela dizia "Você não me entende. Para você parece simples". Quanto mais ele tentava alegrá-la, mais ela se entristecia, se fechava e se afastava dele.

Algumas situações difíceis podem se desenvolver ou se manter a partir da estrutura paradoxal do tipo *seja natural*, por exemplo, você deveria estar feliz, onde ocorre a busca de controle de algo que por natureza só acontece espontaneamente. "Quero que você queira estudar e não que você estude porque eu estou mandando", ou "quero que você queira me agradar e não me agrade só porque eu estou pedindo", ou "quero determinar que você seja livre ou independente".

É muito comum esse tipo de paradoxo na interação entre casais, entre pais e filhos, e entre membros das famílias em geral.

Assim sendo, é muito importante ao avaliar a queixa do cliente, perguntarmos sobre as soluções tentadas, visando à discriminação entre tentativas efetivas das demais. Neste sentido, a pergunta de exceção também é bastante interessante (SHAZER, 1986), onde procuramos detectar situações em que o problema não aparece ou onde a tentativa de solução foi considerada efetiva.

Apresento a seguir, algumas metáforas com temas diversos.

Metáfora 71: Receita para piorar

> Se não temos uma receita para a felicidade, podemos prestar atenção na receita e nos ingredientes que utilizamos em nossa própria receita de infelicidade. Se não sabemos o que fazer para melhorar uma situação, será que sabemos o que fazer para mantê-la igual ou para ela piorar?

A solicitação de uma receita para piorar costuma surpreender e pode ser introduzida quando o cliente não consegue vislumbrar um caminho para melhorar ou parece não acreditar nesta possibilidade. Alguns clientes aceitam a terapia para provar para o cônjuge, ou para o terapeuta, que de nada adiantará, pois "nós temos que dar conta de nossas vidas sozinhos e ninguém pode nos ajudar". Ou que "não se pode mudar o passado". Em casos assim, encontrar uma alternativa onde o cliente não via nenhuma, implica na necessidade de ele ter que reconhecer seu limite. Num contexto semelhante a este, a receita para piorar pode favorecer uma nova percepção. Trata-se de uma intervenção paradoxal, onde a consigna de fazer intencional e exatamente o que o cliente já vinha fazendo costuma trazer uma reação de consciência, do tipo, "mas eu não quero fazer isso." Então aquilo que era automático, passa a ser percebido e aos poucos o cliente pode ter controle sobre a reação indesejada e desenvolver novas formas de abordar a situação.

Apresento, a seguir, recortes de algumas sessões de casal, onde este recurso pode ser utilizado.

Tereza e Felipe encontravam-se desgastados por suas brigas recorrentes. Ela relatou que se sentia mendigando a atenção do marido e que desde o início de seu relacionamento, ele tinha conhecimento das carências sofridas por ela durante sua infância. No início, ele a compreendia e era muito carinhoso, mas mudou desde que tiveram o primeiro filho. Ele só pensa em trabalhar e nas crianças, vem cansado para casa e ela fica com as sobras. Relatou nunca ter sido abraçada pelo pai, e que sua mãe reclamava de tudo. Por mais que se esforçasse, nunca estava bom o suficiente. Passou a vida em busca do amor e aprovação dos pais, sentindo-se impotente e mal amada. Aos quarenta anos, sabia que não era mais uma menininha desprotegida, mas carregava as marcas do não acolhimento, do não reconhecimento. "Já tentei explicar de diversas formas as minhas necessidades ao Felipe , o que sempre resulta em brigas".

Felipe disse não saber mais o que fazer. Sente-se cansado, exaurido pelas queixas e cobranças de Tereza. Ele entende como falta de maturidade dela a incompreensão de que, com a vinda dos filhos, a situação mudou e ele precisa trabalhar mais. Sente que qualquer indisponibilidade dele para com ela é percebida como rejeição. A reação de Tereza, que foca no que falta, parece ignorar suas atitudes de atenção e cuidado para com ela. Relatou que, quando frustrada, ela usa palavras ferinas contra ele, e que ele se fecha e se afasta.

Tereza percebia de outra forma: que o agredia, porque queria mais atenção e ele parecia não ligar a mínima para ela. Felipe disse que o seu sentimento era parecido com o dela em relação à mãe. Não estava conseguindo satisfazê-la por mais que se esforçasse. Em algum momento, Tereza expressa surpresa: "será que estou repetindo o clima de infelicidade de minha mãe? É tudo o que eu não quero para a minha família e para a minha vida!".

Para o observador externo pode parecer óbvia a repetição do padrão, mas para a pessoa envolvida, este reconhecimento envolve um processo complexo.

Então, quando percebo o momento propício, posso dizer algo assim: "já que nenhum de nós sabe a receita para a felicidade, podemos fazer um exercício e ficar atentos à receita que deveria ser usada para a infelicidade? O que cada um de vocês teria que fazer para piorar a situação?". Após a pausa da surpresa, é frequente a resposta: "é só continuarmos fazendo o que já fazemos". Solicito, a seguir, não a mudança, mas sim a observação destes comportamentos e, se possível, sua intensificação intencional. Geralmente ocorre a quebra da reatividade, pois ao se tratar de uma tarefa terapêutica, já não provoca as reações até então costumeiras, que retroalimentavam o ciclo.

Este caso aqui ilustrado, possibilita um exercício de movimentação e sobreposição de metáforas. O terapeuta pode utilizá-las, de acordo com as oportunidades que se abrem no decorrer do processo terapêutico. Por exemplo:

- *empurrar a parede* (61) – onde se insiste em manter um período idealizado do casamento, quando o contexto mudou, com pouca flexibilidade para fazer a adaptação para a nova fase.
- *terreno árido* (77) – onde Tereza, a partir de sua história de vida, não desenvolveu recursos para absorver o reconhecimento e precisa ser constantemente reassegurada de seu valor. Esta metáfora tem elementos comuns com *a gota de tinta em copo de água límpida* (9).
- *queimar ônibus* (47) – onde a frustração por não receber a atenção desejada causa reações que afastam o outro ao invés de aproximar.
- *o sol e o albino (44)* – onde Felipe pode empatizar com a sensibilidade e a dor de Tereza, as quais racionalmente não são aceitáveis para ele.

Metáfora 72: Quero dançar a minha música

"Quero dançar a música que gosto; sei que você não gosta dela, quer que eu dance outra, mas quero seus aplausos."

"Eu quero que você me aceite como eu sou, goste de minha música e não tente me mudar. Quero que você, além de me respeitar, me aprove, mesmo que não goste do que eu faço."

Uso essa imagem quando percebo que há a exigência para que uma pessoa aceite a outra como ela é, mas a recíproca não é verdadeira. Em outras palavras, A quer que B o aceite como ele é, mas A não aceita B como ele é.

No caso de Tereza, ela interpreta a diminuição de atenção de Felipe como desamor. Espera que ele concorde com sua visão, mas ele discorda, desaprova, irrita-se e critica seu comportamento queixoso. Felipe vê a falta de tempo do casal como resultado das novas contingências da família. Tereza, que sempre quer agradar, reage mal às críticas. Na recursividade do processo, Felipe acaba tendo comportamentos que confirmam o sentimento de rejeição da esposa.

Metáfora 73: As duas camisas
(metáfora baseada em Watzlawick, 1984)

A supermãe adora o filho. Por algum motivo desconhecido, o filho sente que jamais consegue a aprovação da mãe, sente que a decepciona constantemente, e que não consegue corresponder às enormes expectativas que ela deposita nele. Isso gera atritos. Em seu aniversário, a mãe percorre todas as lojas da cidade para lhe comprar de presente a camisa mais bonita que encontrasse. Ficou em dúvida entre duas e comprou as duas. Na hora da festa, o filho vestiu uma delas. A mãe olhou decepcionada e, com ar de reprovação, disse: "Então... você não gostou da outra?".

Metáfora 74: O carcereiro prisioneiro

No romance de John Fowles, intitulado *O colecionador* (1963), um rapaz solitário apaixona-se por uma linda estudante que não o enxerga e passa a acreditar que ela o amaria se o conhecesse. Deseja passar um tempo com ela, para lhe demonstrar o seu amor e para que ela o amasse. Para que isso seja possível, decide raptá-la

> e mantê-la prisioneira em uma casa de campo. Sob essas circunstâncias, os dois tentam efetuar uma mudança impossível, ele tentando se fazer amar por ela e ela tentando escapar dele.

Esta situação torna impraticável sua busca de amor e o problema fica sem solução. Em *O colecionador,* a situação onde o carcereiro se torna prisioneiro, é um exemplo do que foi chamado *jogo sem fim*, onde o sistema não tem regra para encerrar o jogo. Muitos dos conflitos intermináveis de relacionamentos decorrem deste tipo de situação paradoxal e alguns autores perceberam este processo como gênese da escalada da violência.

Metáfora 75: Lavar a louça sorrindo

> Lembro-me de uma situação em que mandei meu filho adolescente lavar a louça e ele foi lavar louça muito bravo. Eu falei: "Se for para lavar louça com tanto mau-humor, não precisa lavar". Ele me respondeu: "Mãe, se você quer que eu lave a louça, eu lavo a louça. Mas se você quer que eu fique feliz, eu não lavo a louça. Você está me pedindo duas coisas ao mesmo tempo: se eu obedecer a uma eu desobedeço a outra".

Metáfora 76: O etologista

Entendo que há uma relatividade sobre o conceito que cada um de nós tem para o que considera normal e anormal. Para a reflexão sobre esse assunto e sobre a necessidade de ampliar o contexto, costumo usar a seguinte narrativa.

> No jardim de uma casa de campo, à vista de quem transitar pelo passeio fronteiro, pode ser observado um homem barbudo, rastejando, agachando-se, espiando entre os arbustos e percorrendo as veredas em forma de oito, olhando constantemente por cima

> do ombro e grasnindo sem interrupção. Assim é como o etologista Konrad Lorenz descreve o seu necessário comportamento durante um dos experimentos de impressão (*imprinting*) com os seus patinhos depois que se substituiu à mãe pata.
>
> "Eu estava me felicitando", escreve Lorenz, "pela obediência e exatidão com que meus patinhos me seguiam, quando levantei os olhos, de súbito, e vi a cerca do jardim coroada por uma fila de rostos de uma palidez funérea: um grupo de turistas plantara-se ao longo da cerca e observava-me de olhos arregalados". Os patos estavam ocultos pela grama alta e tudo o que os turistas viam era o meu comportamento totalmente inexplicável e, de fato, aparentemente louco (WATZLAWICK, BEAVIN e JACKSON, 1967, p. 18).

Metáfora 77: Terreno árido

> Terreno seco e árido não permite que a água da chuva penetre e continua seco mesmo quando chove.

Tendemos a reconhecer a realidade que confirma as nossas crenças. Se sentimos que nunca fomos validados, respeitados e amados, podemos não ter instrumentos para reconhecer, absorver e registrar o amor, mesmo quando o recebemos.

Metáfora 78: Sobre roupas

> A seguinte narrativa do folclore popular ilustra a mudança de primeira ordem: Os marujos navegavam há meses. Não tomavam banho, nem trocavam de roupa, o que não era novidade na Marinha Mercante Britânica. O navio fedia! O capitão chamou o imediato: "Simpson, o navio fede, mande os homens trocarem

de roupa!" "Sim, senhor!", responde o imediato, que parte para reunir os seus homens e diz: "Marinheiros, o Capitão está se queixando do fedor a bordo e manda todos trocarem de roupa. David, troque a camisa com John e John troque a sua com Peter. Peter troque a sua com Alfred e Alfred troque a sua com Jonathan!" e assim prosseguiu. Quando todos tinham feito as devidas trocas, ele voltou ao Capitão e disse: "Senhor, todos já trocaram de roupa". O Capitão, visivelmente aliviado, manda então prosseguir a viagem.

Roupa velha: "Não jogue fora a roupa velha enquanto ainda não tiver uma roupa nova, para não ficar pelado". Esta imagem é usada para conter a pressa de mudança.

Roupa tamanho único: "Não pense que usar uma roupa confortável, feita sob medida para você, sirva e seja confortável para todos os tamanhos".

Mesma roupa para todas as ocasiões: "Você é tão bonito, apenas está usando roupas inadequadas". "Você não pode ir à missa com a mesma roupa com que vai à praia".

Metáfora 79: Sobre construções

É necessário fazer um projeto, antes de construir uma casa, e escolher um terreno, antes de fazer um projeto.

É necessário cavar para edificar, pois como seria se um engenheiro atendesse a demanda e a pressa do cliente e levantasse a estrutura do prédio sem fazer antes a sua fundação?

Metáfora 80: A enchente

Muitos conhecem esta história do folclore popular:

Houve uma grande enchente e um homem de muita fé recusou todas as ofertas de ajuda que lhe ofereceram respondendo: "Tenho fé, meu Deus há de me salvar, há de me ajudar, minha casa não posso abandonar". Até que, depois de recusar ajuda, quando estava no telhado da casa, se afogou e Deus veio ao seu encontro no paraíso. O homem disse: "Meu Deus, sempre fui um homem de fé, cumpri com minhas obrigações religiosas, e como o senhor permitiu que eu me afogasse? Como me abandonou?". E Deus respondeu: "E quem você imagina que lhe mandou o aviso dos bombeiros para evacuar a região, o barco e o helicóptero para resgatá-lo?".

Metáfora 81: O poço e a manivela

Estar com sede ao lado do poço, por não saber como girar a manivela, ou para que lado deve girar a manivela para puxar o balde.

Esta metáfora expressa o reconhecimento da existência de recursos e da necessidade de aprender como acessá-los, ou seja, o cliente tem recursos e não sabe como utilizá-los.

Metáfora 82: Anestesia

Se você usa anestesia para não sentir a dor, o que mais você deixa de sentir?

Um médico cirurgião, meu cliente, disse o seguinte: "Eu não queria magoar a minha esposa, não queria que ela soubesse que eu não estava feliz no nosso casamento. Eu anestesiava a minha ansiedade e amputava a minha angústia. Quando ela percebeu que eu não era verdadeiro na nossa relação e quanto eu estava insatisfeito com nossa vida sexual, sem compartilhar isso com ela, ficou terrivelmente magoada comigo, se sentiu traída e perdeu a confiança em mim. Só depois da reação dela, percebi quanto a havia ferido ao tentar protegê-la e como, ao tentar camuflar minha dor e tristeza, também deixei de perceber as pequenas coisas boas e as alegrias de nosso casamento e da vida que construímos juntos".

Metáfora 83: Vacina

Como você consegue levar seu filho, que você tanto ama, para tomar vacina? Ainda por cima, como você é capaz de segurá-lo com firmeza enquanto ele chora e se debate?

Metáfora 84: Tico, Teco e a noz

Você conhece a história dos dois esquilinhos, o Tico e o Teco, personagens da Disney? O Teco estava com sua mão presa no buraco de uma árvore e não conseguia tirá-la dali. Pede socorro ao Tico, para vir ajudá-lo. Tico puxa Teco pela cintura, mas a mão não sai. Teco reclama: "Ai, ai, está doendo!". Tico, então, diz: "Espere, fique calmo, vou procurar ajuda com os outros animais da floresta". Rapidamente, os animais solidários fizeram uma longa fila, cada um puxando na cintura do outro, e Tico diz: "Já!". E todos puxam ao mesmo tempo. "Ai, ai, ai, ai, ai, parem!", diz Teco. E a mão não saiu, apesar de todo o esforço. Perplexos, os animais pensaram no que fazer. Tico diz: "Já sei, vou fazer como os humanos, vou pedir ajuda dos bombeiros". Os bombeiros chegam, tentam e tentam, e dizem: "Não tem solução. Ou vamos ter de cortar a árvore, ou vamos ter de cortar a mão". Teco diz: "Nossa, deixa então que eu largo a noz!"

Nessa história, notamos quanto esforço foi empreendido, quanto desgaste diante de uma óbvia possibilidade não desejada antes, devido ao enquadre de querer resolver o problema, ou seja, mudar sem renunciar a nada.

Metáfora 85: O rabinho do cachorrinho

Uma menina gostava tanto do cachorrinho, mas era necessário cortar o seu rabinho. Ela não queria que ele sofresse, então, pensou e pensou: "Como fazer"? Até que teve uma ideia brilhante: "Já sei, vou cortar um pedacinho em cada dia"!

Cortar o rabinho do cachorrinho aos poucos para ele não sofrer é uma tentativa de solução que agrava o problema. Quantas vezes nos deparamos com situações como essa? Por exemplo: Se para evitar um conflito, digo que vou fazer, mas não faço. No entanto, quando o outro descobrir, o conflito certamente será maior diante de um prometido não cumprido.

Metáfora 86. Você vai me mandar lavar a louça!

Um dia, conversando com meu filho mais novo, eu lhe disse: "Filho, queria que você soubesse, que pode contar comigo sempre. Se um dia você tiver um problema e não souber como resolvê-lo, conte comigo que sempre vou tentar ajudar você". Imediatamente, ele sorriu e disse: "Eu, não!". Olhei para ele surpresa e ele completou: "Se eu falar para você que eu não sei o que fazer, você vai me mandar lavar a louça!".

Ele decodificou minha fala de acordo com a realidade que ele conhecia. Muitas vezes, quando ele se aborrecia, vinha atrás de mim e perguntava: "Mãe, o que que eu faço? Não tenho nada para fazer". E, costumeiramente, eu estava muito atarefada e respondia: "Você me ajuda a lavar a louça?".

Achei muito engraçado, na ocasião, e costumo usar essa história de minha vivência pessoal, quando percebo uma situação onde o emissor tem certeza de que enviou uma mensagem e fica indignado com a *distorção* com que o outro a recebe. Na verdade, o que parece uma distorção pode ser uma percepção de acordo com as crenças do receptor, a partir de suas experiências de vida ou a partir de sua ótica das experiências vividas com o emissor.

Metáfora 87: O horrível barulho do gerador

Voltando de um dia de passeio em Machu Picchu, cansados, entramos em nosso pequeno hotel, no pé da montanha, quando ouvi um terrível barulho de um gerador ligado, continuamente, vindo do lado de fora de nossa janela. Percebendo que o barulho não passava e que eu não conseguia dormir, fui reclamar na recepção e solicitar mudança de quarto. A recepcionista sorriu e me respondeu, gentilmente, em espanhol, que era o barulho de um rio de correnteza muito rápida com muita água e pedras, que passava atrás do hotel. Fui olhar o rio e adorei. Voltei para o quarto e adormeci, prontamente, com o agradável barulho do rio.

Utilizo esta história embasada em uma experiência pessoal nos casos em que o cliente sofre mais pela sua interpretação da realidade do que pelos fatos em si.

Metáfora 88. O par perfeito

Miguel encontra seu amigo de escola, após muitos anos. Cada um conta um pouco de sua vida. Bernardo conta sobre sua esposa e filhos e pergunta: "E você, amigo, se casou?". Miguel respondeu: "Eu quero muito, mas ainda não encontrei a minha alma gêmea. Primeiro encontrei uma moça linda, inteligente, mas não era religiosa. Depois, encontrei outra, religiosa, inteligente, mas era feia. Demorou muito para eu encontrar uma bonita, religiosa e inteligente!". "Então, por que você não casou com ela?" pergunta surpreso Bernardo. "Porque ela também estava à procura do par ideal", respondeu Miguel.

Esta é mais uma narrativa que ilustra como a idealização e a busca do perfeito impede usufruir do possível.

Para tornar este livro possível, aplico a metáfora acima para mim mesma e acabo com ele inacabado, contando com você, leitor, para dar seguimento a este trabalho, desenvolvendo, criando ou adaptando metáforas para seus atendimentos clínicos e até mesmo para sua vida pessoal. Espero que as metáforas e as ideias compartilhadas ganhem vida em seu trabalho clínico, evoquem recursos, gerem curiosidade, tragam surpresas e otimismo terapêutico. Façam pensar.

Convido o terapeuta para que, dentro de sua realidade clínica, respeitando suas características e as de seu cliente, use sua experiência e seu repertório técnico, sua criatividade e espontaneidade na criação de metáforas próprias, criando, como falei na apresentação desta obra, o seu próprio livro, ou seja, um livro que sempre cresce e se enriquece, *um livro sem fim.*

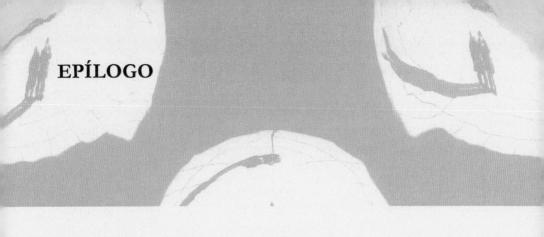

EPÍLOGO

"Ninguém pode voltar atrás e fazer um novo começo. Mas qualquer um pode recomeçar e fazer um novo fim".
(CHICO XAVIER)

Crédito: Sergio Mazer.

Para produzir mudança e crescimento, é necessário que acreditemos que todos os seres humanos são criados com a capacidade de crescer e de mudar. Esta crença do terapeuta, sua motivação e confiança de ter recursos para favorecer o crescimento em seus clientes, é importante e fundamental em nossa prática diária.

O terapeuta também cresce e se transforma, tanto pessoal quanto profissionalmente, através de seu trabalho clínico e produção científica.

Lembram do peixe do meu pai? Na introdução desta obra, eu descrevi minha dificuldade de deixar de ser cabeça de peixe, de escorregar para fora dele e sentir o não pertencer. Pois, de repente, percebi que não preciso ser nem cabeça, nem rabo, nem qualquer outra parte do peixe. Percebi que estava tentando fazer mudanças de primeira ordem e sob este prisma meu problema ficava sem solução. Ao terminar este livro, me veio uma outra imagem na mente. Vocês, com certeza, já repararam como alguns bandos de pássaros voam em V, fazendo um lindo desenho no céu. Pois então, em vez de peixe, cabeça ou rabo, eu posso ser um destes pássaros (mudança de segunda ordem), sendo inteira, voando com liberdade e leveza, trocando de posição no grupo. Poderia ora voar na frente liderando o grupo e gastando mais energia e ora ir à posição traseira voando com mais facilidade, aproveitando o deslocamento de ar daqueles que voam na minha frente. Assim como os pássaros que se revezam, posso me posicionar, naturalmente, da melhor maneira possível para continuar voando.

Os ingredientes deste trabalho vieram de muitas experiências, de diferentes culturas e pessoas e chegaram até meus ouvidos, olhos e, principalmente, ao meu coração, enquanto terapeuta, e fizeram eco nos ouvidos e nos corações de muitos de meus clientes. Quando a metáfora faz sentido, faz a sua magia.

BIBLIOGRAFIA

ANDOLFI, Maurizio. **A terapia familiar**. Lisboa: Editorial Veja, 1981.

_____. **A terapia familiar multigeracional**: Instrumentos e recursos do terapeuta. Belo Horizonte: Artesã, 2018.

ANDOLFI, Maurizio et al. **Por trás da máscara familiar**. Porto Alegre: Artes Médicas, 1984.

BARRETT, Mary Jo; STONE FISH, Linda. **Treating complex trauma**: a relational blueprint for collaboration and change. New York: Routledge, 2014.

BATESON, Gregory. **Curso intensivo de terapia familiar sistêmica**, Family Center of the Berkshires, Williamstown, USA, 1987. Comunicação oral.

BERGMAN, Joel. **Pescando barracudas**: a pragmática da terapia sistêmica breve. Porto Alegre: Artes Médicas, 1996.

BOWEN, Murray. **De la familia al individuo**: la diferenciación del sí mismo en el sistema familiar. Barcelona: Paidós, 1991.

BOZZA, Maria da Glória C. **Argila**: espelho da auto-expressão. Curitiba: edição própria, 2000.

CASULA, Consuelo C. **Metáforas**: para a evolução pessoal e profissional. Rio de Janeiro: Qualitymark, 2015.

CECCHIN, Gianfranco. Hypothesizing, circularity, and neutrality revisited: an invitation to curiosity. **Family Process**. Evanston, v. 26, n. 4, p. 405-13, 1987.

ELKAIM, Mony. **Se você me ama, não me ame**: abordagem sistêmica em psicoterapia familiar e conjugal. Campinas: Papirus, 1990.

FOWLES, John. **O colecionador**. São Paulo: Civilização Brasileira, 1984.

FRANKL, Viktor E. **Em busca de sentido**. 43. ed. Petrópolis: Vozes, 2018.

FRIEDBERG, Robert D; McCLURE, Jessica M. **A prática da terapia cognitiva para crianças e adolescentes**. Porto Alegre: Artmed Editora, 2008

GORDON, David. **Metáforas terapêuticas**: a ajuda através do espelho. 1978.

GOTTMAN, John; SILVER, Nan. **O que faz o amor durar?** Como construir confiança e evitar traição. Rio de Janeiro: Objetiva, 2014.

GUNDAR-GOSHEN, Ayelet. **Uma noite Markovitch**. São Paulo: Todavia, 2012.

HALEY, Jay. **Terapia no convencional**: las técnicas psiquiátricas de Milton H. Erickson. Buenos Aires: Amorrortu,1980.

HARARI, Yuval N. **Sapiens**: uma breve história da humanidade. Porto Alegre: L& PM, 2015.

JOHNSON, Susan, M; WHIFFEN, Valerie. **Os processos do apego na terapia de casal e de família**. São Paulo: Roca, 2012.

LAZARUS, Arnold. **Multimodal therapy**. New Jersey: Rutgers University, 1989.

MAZER, Thelma Z. Metáforas na terapia de casal: acrescentando efeitos especiais na comunicação. **Revista da Abratef**. Porto Alegre v. 7, n. 1, 2018.

MINUCHIN, Salvador. **Famílias**: funcionamento e tratamento. Porto Alegre: Artes Médicas, 1982.

MINUCHIN, Salvador; FISHMAN, H. Charles. **Family therapy techniques**. Cambridge: Harvard University Press, 1981.

OLIVEIRA, Irismar R. **Terapia cognitiva processual**. Porto Alegre: Artmed, 2015.

OMER, Haim. **Critical intervention on psychotherapy**. New York: W.W. Northon Company, 1994.

PITTMAN, Frank. **El optimismo psicoterapéutico y la comedia humana**. Sistemas Familiares. Año 13, n. 2, Julio 1997. Buenos Aires: ASIBA.

ROSEN, Sidney. **Mi voz irá contigo**: los cuentos didácticos de Milton Erickson. Buenos Aires: Paidós, 1986.

SATIR, Virginia. **Terapia do grupo familiar**. Rio de Janeiro: Francisco Alves,1980.

SCHEINKMAN, Michele; FISHBANE, Mona D. El ciclo de la vulnerabilidad: trabajando con impases en terapia de pareja. **Family Process**. Evanston, v. 43, p. 279-99, 2004.

SHAZER, Steve de. **Terapia familiar breve**. São Paulo: Editora Summus, 1986.

SHELDON, Sidney. **O outro lado de mim**. Rio de Janeiro: Record, 2006.

SCHNARCH, David. **Passionate marriage**: keeping love & intimacy alive in committed relationships. New York: Owl Books, 1998.

SCHNITMAN, Dora F. **Novos paradigmas**: cultura e subjetividade. Porto Alegre: Artes Médicas, 1996.

WATZLAWICK, Paul. ¿**Es real la realidad?** Confusión, desinformación, comunicación. Barcelona: Herder, 1989.

_____. **Sempre pode piorar ou a arte de ser infeliz**. São Paulo: EPU, 1984.

WATZLAWICK, Paul; BEAVIN, Janet H.; JACKSON, Don D. **Pragmática da comunicação humana**: um estudo dos padrões interacionais, patologias e paradoxos. São Paulo: Cultrix, 1967.

WATZLAWICK, Paul; WEAKLAND, John H.; FISCH, Richard. **Mudança**: princípios de formação e resolução de problemas. São Paulo: Cultrix, 1977.

WIEBE, Stephanie A.; JOHNSON, Susan M. A review of the research in emotionally focused therapy for couples. **Family Process**. Evanston, v. 55, p. 390-407, 2016.

WHITE, Michael. **Guias para una terapia familiar sistémica**. Barcelona: Editorial Gedisa, 1997.

_____. **Narrative practice and exotic lives**: resurrecting diversity in everyday life. Adelaide: Dulwich Centre Publications, 2004.

WHITE, Michael; EPSTON, David. **Medios narrativos para fines terapéuticos**. Barcelona: Paidós, 1993.

ZEIG, Jeffrey K. **Hipnose ericksoniana**: o lado humano e o trabalho de Milton H. Erickson. Campinas: Editorial Psy, 1993.

_____. **Curso intensivo de hipnose ericksoniana**. São Paulo, 1993. Comunicação oral.

Anexo

QUADRO-SÍNTESE DAS METÁFORAS APRESENTADAS NESTA OBRA

A tabela, a seguir, procura organizar de modo pedagógico algo que não pode ser fragmentado, pois dentro de um olhar sistêmico há uma relatividade presente tanto nas histórias, quanto nos elementos norteadores. Praticamente, todas as metáforas se referem a crenças do sujeito, porém estão assinalados na tabela os aspectos vistos como mais relevantes de cada uma.

Algumas metáforas foram contextualizadas e aprofundadas no decorrer do texto, enquanto outras foram apenas citadas brevemente, deixando a critério do leitor o seu uso e adaptação.

Certamente, algumas metáforas farão mais sentido para alguns terapeutas e para alguns clientes do que outras.

Metáforas	Sobre Crenças	Sobre o Tempo	Sobre o Ser e o Pertencer	Sobre o Agir e o Reagir	Sobre a Realidade e a Idealização
1. Japonês escondido na selva	X	X			
2. Cartilha do jardim de infância	X	X			
3. O livro-caixa	X	X			
4. Cavalo perdido	X			X	

Metáforas	Sobre Crenças	Sobre o Tempo	Sobre o Ser e o Pertencer	Sobre o Agir e o Reagir	Sobre a Realidade e a Idealização
5. O jogo dos 9 pontos	X				X
6. A pergunta do milagre				X	X
7. A batalha entre os dois lobos	X			X	
8. Comédia e tragédia	X			X	X
9. Gota de tinta em copo de água límpida	X				X
10. O livro inacabado					X
11. O turista perfeito	X			X	X
12. Padre, quem tem razão?	X			X	
13. Disputa dos órgãos do corpo	X				X
14. Gesso e fisioterapia	X	X			X
15. Escada de emergência	X			X	X
16. Obstetra e aborto	X			X	
17. Mapa	X			X	
18. Dimmer e luz	X			X	
19. Ritual inca de sacrifício de crianças	X				
20. O duelo das verdades	X			X	
21. A chuva e a goteira	X			X	
22. Contramão	X				

Metáforas	Sobre Crenças	Sobre o Tempo	Sobre o Ser e o Pertencer	Sobre o Agir e o Reagir	Sobre a Realidade e a Idealização
23 O raio e o trovão	X	X			
24. O oculista e o pintor	X				
25. Réu em tribunal sem defesa	X	X		X	
26. O lixo e o mendigo	X		X	X	
27. O homem da cidade e o homem do campo		X			
28. O surpreendente pássaro de papo vermelho		X			X
29. O judeu e a lâmpada maravilhosa		X			X
30. Combustível		X			
31. Vaga apertada		X		X	X
32. O bonsai		X	X		
33. Reflorestamento		X	X		
34. Emergência no navio		X			
35. Se eu não for por mim	X	X	X		
36. Rotação e translação		X			
37. 1 + 1 = 1			X		X
38. Afinar a orquestra			X		
39. O usucapião			X		
40. Controle remoto			X		
41. Sou tão você			X		
42. Amor e alho	X		X		

Metáforas	Sobre Crenças	Sobre o Tempo	Sobre o Ser e o Pertencer	Sobre o Agir e o Reagir	Sobre a Realidade e a Idealização
43. Sobre os olhos			X		
44. O sol e o albino	X		X		
45. Máscaras do avião			X		
46. Taca luz alta!				X	
47. Queimar o ônibus				X	
48. O jornaleiro				X	
49. O beijo da princesa				X	
50. Isso antes daquilo? O que vem antes?				X	
51. Acidente de trânsito	X			X	
52. Fogo	X			X	
53. Vomitar sobre o outro				X	
54. Guarda de trânsito				X	
55. A armadura	X				X
56. Comer sem fazer cocô	X				X
57. Parar de fazer cocô	X				X
58. Aprendiz de feiticeiro	X	X			X
59. Ator permanente	X				X
60. Banca de doutorado	X				X
61. Empurrar a parede					X
62. A armadilha da comparação	X				X

Metáforas	Sobre Crenças	Sobre o Tempo	Sobre o Ser e o Pertencer	Sobre o Agir e o Reagir	Sobre a Realidade e a Idealização
63. Bezerro de ouro	X				X
64. Escravo da liberdade	X		X		X
65. Rei Midas	X				X
66. A selva e o zoológico					X
67. Oração da serenidade	X	X			X
68. O pecado do orgulho	X				X
69. Espelho, espelho meu					X
70. O tesouro que empobrece				X	X
71. Receita para piorar	X			X	
72. Quero dançar a minha música			X		X
73. As duas camisas			X		
74. O carcereiro prisioneiro			X	X	
75. Lavar a louça sorrindo			X		X
76. O etologista	X				
77. Terreno árido	X	X			
78. Sobre roupas		X	X	X	
79. Sobre construções		X			X
80. A enchente	X			X	
81. O poço e a manivela	X			X	
82. Anestesia				X	
83. Vacina	X				
84. Tico, Teco e a noz					X

Metáforas	Sobre Crenças	Sobre o Tempo	Sobre o Ser e o Pertencer	Sobre o Agir e o Reagir	Sobre a Realidade e a Idealização
85. O rabinho do cachorrinho	X				
86. Você vai me mandar lavar a louça!	X				
87. O horrível barulho do gerador	X				
88. O par perfeito	X				X

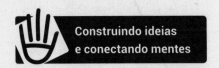

Este livro foi composto com tipografia Bembo Std e impresso em papel Pólén Soft 80g/m² em novembro de 2023.